JN213215

写真：代表撮影／ロイター／アフロ

Reo Inaba at the Paris 2024 Olympics.

写真：代表撮影 / ロイター / アフロ

写真：代表撮影 / ロイター / アフロ

写真：KONDO/アフロ

In the early days.

写真：KONDO／アフロ

In the early days.

波をつかめ、夢をつかめ

逆境を乗り越えるレオの流儀

撮影／池田エイシュン

目次

プロローグ

一生に一本の波に乗りたい

2024年7月29日。南太平洋のフランス領タヒチ島。パリオリンピックのサーフィン男子3回戦。競技会場であるチョープーのコンディションは前日までとは一変し、「世界で最も危険な波」といわれる、その牙をむいた本来の姿を現した。

まるで水の壁のような美しくも恐ろしいチョープーの波は10フィートを超えるサイズに達し、切り立った波が一気に崩れ落ちる浅い海底には危険なサンゴ礁と岩が待ち受ける、文字通り命が危険に晒されるほどのコンディションの中（この日、女子の試合は危険過ぎると判断され中止）、準々決勝進出をかけての死闘が始まろうとしていた。

オリンピック初出場ながら3回戦へ進出した稲葉玲王選手の対戦相手は、

2022年と2023年の連続世界ランク1位であるフィリペ・トレド（ブラジル）。誰もが世界チャンピオンの勝利を予想する中、稲葉玲王が躍動する。

前日、ラウンド2からフィリペ・トレドが勝ち上がってきてヒート組（対戦表）が出たんですけど、実はヒート組を見た時に正直、ラッキーだなぁと思ったんです。フィリペ・トレドとは、タヒチのチョープー以外のほかの世界中のどこの海でも100回やっても絶対100回負けると思うんですけど、チョープーだったら絶対勝てるっていう自信がありました。

彼は世界チャンピオンなんですけど、結構でかい波のグーフィー（※）のチューブが苦手なんだろうなと思っていたので、ここだったら絶対勝てる！と。逆にほかのヒート組を見た時に、ほかの日本チームの選手の方がちょっときついなっていう印象でした。フィリペ・トレドが対戦相手と決まった時には、これは来たなぁと思いましたね。

※グーフィー／岸から見て左から右に崩れて行く波のこと。

とはいえ、もう本当にめちゃくちゃ上手い人なんで、さっき言ったように、もうほかの場所だったら絶対勝てない相手だけど、ここだったら……と自分に言い聞かせて試合に臨みました。

もう海に入った瞬間に波がでかかったんですけど、フィリペ・トレドの顔が引きつっていて。彼ほどの上手い人でもこんなにビビるんだっていうぐらいな感じでした。腰が引けてるみたいな感じで、顔がもう全然いつもと違うというか、こわばっていましたね。フィリペ・トレドが臆病とかいうのではなく、あの波を前にしたらどんなサーファーだって腰が引けて当たり前だとは思います。それくらいのやばい波でしたから。

スタートした直後に何本か行けそうな波が来たんですけど、彼は行こうというそぶりを全然しなかった。それに自分が奥のポジション（※）に入っても、世界チャンピオンレベルだと自分を追って絶対に奥に来るはずなのに手前で待ったりとか、あきらめではないと思うんですけど、やっぱりちょっと行き切れてないのかなぁみたいな感じがありましたね。

※奥のポジション／波が崩れるピークに近い選手が、その波に乗れる優先権があるため、奥のポジションの取り合いがサーフィンの試合での駆け引きのひとつ。

ブラジル人なんでコーチも熱くて激しい人が多くて、彼のコーチが「もう行けー！」みたいに、めちゃくちゃ叫んでいるんですけど、全然乗るそぶりを見せなかったり、余裕なさそうな感じで。

そんな中、1本目で自分が乗った波が――あれが多分あの日の朝で一番でかい波だったと思うのですけど――その波が来た時に、これは行くしかない！と思って。それにここで自分が行けばフィリペ・トレドへのプレッシャーになるというか、「あ、やばい、行かれた……」と余計に彼の気持ちが引くと思ったんで、突っ込んでいきました。まさに気合で。

10フィートを超える巨大で危険な波、テイクオフは成功し見事にチューブの中へ。だが惜しくもチューブに潰されてしまい激しくワイプアウト、サーフボードは真っ二つに折れてしまい、稲葉選手の姿も波の中に消え、安否が心配されるぐらい騒然とした状況に。

駆けつけた救援のジェットスキーに救われ、運ばれる彼の姿を映した映像には、なんと満面の笑みを浮かべた稲葉選手が映し出されていた。

サーフボードが折れてリーシュコードも切れてしまって。波に巻かれている時は、本当に死ぬかと思いましたけど、幸い身体は海底に強く打ちつけられずに済んで、それに直久さん（故・小川直久プロ／P130参照）のヘルメットも守ってくれたし……。

ジェットスキーがめちゃくちゃハイレベルなので助かったのだと思います。そこの安心感はやっぱりありますし、しかも助けに来てくれた人がタヒチで一番すごいというか、ローカルのベティア・デイビッドっていう、かつて世界最高峰のプロツアーで戦っていたレジェンドプロサーファーで。

ベティア・デイビッドさんは日本チームの合宿で行ってる時にサポーターでずっと来てくれていて、いろいろ教えてくれたりしていたので、ジェットスキーで助けられた瞬間に「お前やったなー!」みたいな感じで叫んでて、それで一緒に興奮状態というか、すぐに気持ちを盛り上げてくれて。

後日、「狂気の笑顔」とまでメディアに書かれちゃったみたいですけど、アドレナリンが一気に出たし、今までチョープーで乗った波でサイズは一番でかくないんですけど、チューブの穴が今までで一番でかい波だったんで。それにやっぱりあの場面で乗れたっていうのが、自分の中でも興奮したんでしょうね。

自分はどんな場面でも笑顔だよね、とよく言われるんですけど、たしかに逆境になるほど笑おうってことは無意識にやっているのかもしれません。やっぱり笑ってる方がポジテイブになるし、ダークな気持ちにもならないし、笑っていようと自然と心がけていますね。それに、笑ってる方が人生楽しいですよね。楽しいから笑うし、笑ってるから楽しいし。

子供の頃は試合に負けたあとに笑っていると、父親から怒鳴られていましたけどね。負けて笑ってるんじゃない！って。子の心、親知らずですよね。まあその逆もしかりだし、その時の父親の気持ちは十二分に分かっていたんですけど。

笑顔繋がりで言うと、なんか不思議とこのオリンピックは全く緊張感がなかったというか、今までのサーフィン人生で試合中で一番楽しかった。今までで初めて感じたような、ずっと楽しいみたいな、試合中がなんかもうワクワクで、あの感覚は自分でも本当不思議な感覚で、今まで試合してきてこんな楽しめたことないなっていう。

でも、やっぱりあの波でやれたということと、自分がタヒチに対してそこでの結果もそうですけど、ずっと言っていたのが、「一生に一本の波に乗りたい」ということで。それが本当にサーフィン人生の夢みたいな感じだったんです。

その「一生に一本の波」に乗れるチャンスでしかないんで。普段だとローカルがいて絶対いい波には乗れなかったりとか、そういう暗黙のルールがあるんですけど、でも試合だったら、波さえ来れば絶対乗れるんで、それがましてオリンピックっていう舞台だったから、なぜかしら自分が乗れる気がしてて、それでずっとワクワクしてましたね。

だから、あの日、世界チャンピオンに勝ったことは嬉しかったですけど、もっと決めたかったなっていう思いがあります。もっといい波に乗りたかった。あの日は本当にオリンピック中で一番波もすごかったですし、もうちょっとすごい波に乗れたんじゃないかなっていう気持ちです。「一生に一本の波」を求めて、これからもサーフィンを続けていこうと、気持ちを新たにした日とも言えるんじゃないかな。

第1章
最年少プロサーファー誕生

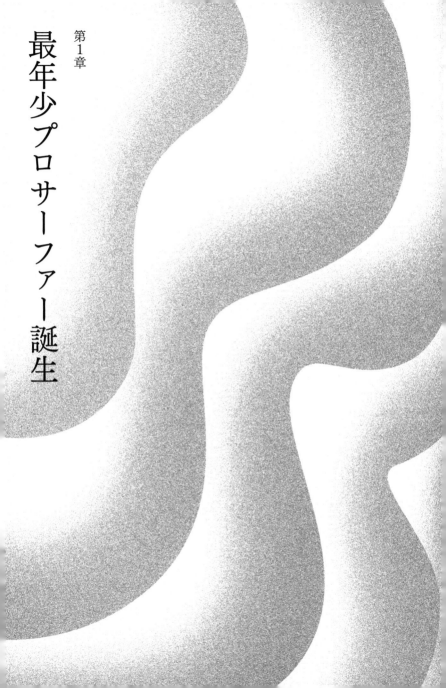

子供の頃は泳げなくて海が本当に苦手で、そもそも水が苦手で――

玲王（れお）という自分の名前は、手塚治虫の「ジャングル大帝」からと聞いています。百獣の王になれって、期待が大き過ぎますよね。でも友人からは「レオ、レオ」って気軽に呼んでもらえたし、今では自分の名前、結構気に入っています。

自分は10代からサーフィンの大会で世界を回っていたので海外に友人が多いのですが、外国人だと「レオ」という発音が難しいようで、「リオ」って言われますね。それに名前のローマ字表記は日本はLが使えないからRになっちゃうんですけど、Rだと「リオ」って発音されがちです。

家族はプロサーファーであり千葉一宮でサーフショップ「DEEP SURF」を経営する父、そして母と妹の4人家族です。家族仲はいい方だと思いますけど、小学生の頃から自分が競技サーフィンをするようになってからは、自分の試合があると家族総出でサポートしてくれていたので、やっぱり家庭も自分中心になっていったように思います。だから妹にはかわいそうな思いをさせちゃったなとずっと感じてきました。

サーフィンを始めたきっかけは、5歳か6歳の頃に父親に無理やりやらされたからです。

小学校に上がるか上がらないかぐらいから、それこそ無理やりにですね。子供の頃は泳げなくて海が本当に苦手で、そもそも水が苦手で。プールとかも通っていたんですけど全然ダメで、本当にもう水が嫌で、泣きながら無理やり海に入らされましたね。スパルタです、まさに。

家が一宮海岸のすぐ近くのサーフショップですから、目の前の海に連れて行かれたり、波が大き過ぎる時は太東とかに行ったりとか。最初はスープで後ろから押してもらって波に乗るような感じでしたね。正直、あまり記憶にはないんですけど、最初は泣きながらやらされてたっていうか、やってたなっていう感じです。

怒鳴って殴られて父親のスパルタ教育

子供の頃は、サッカーや野球にも興味はありました。本格的にやったことはないですけど。でも今でも見るのは大好きで、特に野球は国内のプロ野球もMLBも見ますね。あと子供の頃はテコンドーを少しやっていました。これは自分の意思というより親がやらせたのかな、あんまり覚えてないけど、礼儀とかしつけを学ばせたかったのだと思います。だからというわけではありませんけど、格闘技は小さい頃から好きでしたね。

それにしても、サーフィンに関しては父親は本当にめちゃくちゃスパルタでしたね。最初はもう怒鳴って殴られてみたいな。今の時代だとあんまり良くないことだと思いますけど、とにかく結構ガンガン言われてました。サーフィンの基本的な動きとかは多分教えてもらったと思うんですけど、そこらへんはあんまり記憶にないというか、覚えていないですね。

今、自分はサーフボードに立つスタンスはグーフィー（右足を前に構えるスタンス。その逆はレギュラースタンス）ですけど、スケートボードを最初にやった時に本当はレギュラースタンスだったんです。

でも父親がグーフィーなんで無理やりグーフィーに変えさせたって言ってましたね。父親は昔ハワイのパイプラインを熱心に攻めていたようで、パイプラインだとやはりグーフィーだろうってことで、息子もいつかパイプを攻めさせたいと思ってのことなのかどうか、定かではないですけど、きっとそんなところだと思います。まあ、自分と同じスタンスの方が教えやすいというのもあったのかもしれませんね。

父・康宗氏と。「DEEP SURF」からほど近い一宮海岸のサーフポイントは、サーファーたちからディープ下とも呼ばれる。

ゲームも友達と遊ぶことも許されず
ひたすらサーフィンの毎日

小学校に入ったばかりの頃はほぼ毎日、学校が終わったら海に入っていました。で、まぁ、ほんとに楽しくなってきたのが、多分波に乗れるようになった2年生ぐらいとかで、それぐらいから子供の大会とかに出るようになって。3年生ぐらいからは必ず学校に行く前の朝と終わって夕方、毎日2ラウンド海に入っていました。

父親の店であるDEEP SURFのホームページに、自分のブログコーナーがあるんですけど、2020年の記事に「レオもこんなに日本にいるのは小学生以来、ゲームも友達と遊ぶことも許されず、ひたすらサーフィン。釣りは初めての趣味ですが、夕飯のおかずのために許そうか（笑）」という母親の記述があるくらい、ゲームも友達と遊ぶことも許されずっていうような子供時代でした。

やっぱり小学生だと、みんなゲーム持ってたりとか、学校終わったら友達の家に遊びに行ってとかっていうのが普通だったんですけど、自分はもうそれが全くできなかったというか、させてもらえなかった。学校が終わったら門の前に父親が運転する車が止まっていて、そのまま海に連れていかれた。朝も海からそのまま学校に行ってっていう生活だったんで、友達と遊んだりとかっていうのもほとんどなかったですし、海がクローズ（サーフィンが出来ないような荒れた波の状態）した時だけ、たまに友達と遊べるかなぐらいの感じでした。

だから学校行っても話にもついていけないし、ゲームとかもやらないし、もう全く分からないんで。まあでも近所やそこら辺の家とかみんな同級生なんで、普通に仲良かったんですけど、でもやっぱり、話にはついていけないなーっていう感じでしたね。何の話してんだよって。

その当時、このあたりでサーフィンをする子供っていなくて、そんな中で唯一のサーフィン仲間に同級生の大原洋人（※）がいました。小学校の時はほぼ毎日一緒に海に入ってましたね。家も徒歩5分ぐらいの近所です。洋人とはそれからもずっと一緒にやってきました。

※大原洋人（おおはらひろと）／1996年11月14日生まれ、千葉県長生郡一宮町出身のプロサーファー。2021年の東京オリンピック男子サーフィンでは準々決勝に進出。

出れば必ず1、2位争い
プロを意識し始めた頃

そんな小学生時代、子供の大会に出始めると意外と最初からうまくいって、出ればいつも優勝とか決勝には必ず行っていて、やっぱり勝つと楽しくもなってきますし。

4年生の時に初めてNSA全日本サーフィン選手権——日本のアマチュアサーフィンを統括する団体NSAが主催する、この「全日本選手権」が、アマチュアでは一番大きな大会になります——で予選を勝って地域の代表になりました。

この初めて出た全日本で4年生の時に2番になって、5年生でも2番で。この4、5年生ぐらいの時は本当に無敵で。もうひとり、仲村拓久未って子がその時いたんですけど、だいたいその子といつも1、2位争いをしていましたね。この頃は競技サーフィンで結構うまくいっていました。

なので、この時期あたりからプロを意識し始めたというか、プロにはなるんだろうなっていう中で、親からは最年少でプロサーファーにしたいとずっと言われてて。自分的には別に最年少プロにこだわりはなくて、そこはどうでもいいなと思ってたんですけど、やっぱり出させられるんで、そういうプロテストも6年生ぐらいから受け始めて、合格してプロになったのが13歳の時です。中学1年生。当時の最年少プロでした。自分の前の最年少プロ合格者が16歳だったと思うんで、13歳でなったっていうので周囲からは祝福されましたね。そして、プロになって、やっぱりそこからいろんなことが変わりました。

大人たちと同じ土俵で戦うプロサーフィンの世界へ

最初は、正直言うと舐めていたというか。一宮あたりの海は日本で一番プロサーファーが多いんで、小さい頃から海に入れば必ず日本のトップのプロサーファーがみんなお兄ちゃんみたいな感じでいるんです。

一緒に海に入っていて「あの人だったら勝てるな」みたいな感じのノリというか、クソガキな感じですけど、ちょっと舐めてたという感じはありましたね。だからプロにもすぐなれると思っていたし、プロになっても勝てるなとか思っていました。でも現実はそんなに甘くなかった。

当時、プロサーファーはみんな20歳を超えている人ばかりで、10代のプロサーファー自体がほぼいませんでした。もう全員格上だし、やっぱり勝てなくなったりとかしてきて、初めて挫折ではないですけど、悩んだのがこの時期です。サーフィンの技術的な感覚に悩んだというわけではなかったつもりなんですけど、その時10円ハゲが出来てしまって。

プロの洗礼を受けて悩んでいてのストレスか、親からのプレッシャーか、まあ多分どっちもだと思うんですけど、10円ハゲになりました。13歳とはいえプロになると、大会では本当にバリバリの大人と対戦になるので、厳しかったですね。やっぱり、甘くないなっていう感じでした。

第2章

11歳、単身ハワイにサーフィン修行へ

人生で一番の転機
ウェイド・トコロとの出会い

まだプロになる前でしたが、一番最初についたスポンサーがロックダンス（ソエダサーフボード）というサーフボード会社でした。ロックダンスは、ウェイド・トコロというハワイの有名なシェイパー（※）のボードを扱っていて、ウェイド・トコロが来日した折に一緒にサーフィンしたりする中で「今年の冬、うちにおいでよ」と誘ってくれて。

※シェイパー／サーフボードの原型をデザインし、形を創り上げる人をサーフボードシェイパーと呼ぶ。

そこでロックダンスがいろいろセットアップしてくれて、11歳の時、初めてひとりでハワイのトコロさんの家に行きました。そしてこれが本当に人生で一番の転機となりました。日本に彼が来た時には深い話とか出来なかったのですが、ハワイに行ってトコロさんの家で家族同様に過ごさせてもらう中で、自分が変わっていくのを感じていました。トコロさんはめちゃくちゃ優しくて、ほんと神様みたいな人なんですけど、ケリー・スレーターとかパーコ（ジョエル・パーキンソン）とか世界的な有名どころのプロサーファーが、まさに世界チャンピオンクラスの人たちが、みんなトコロさんの家に来ていました、ハワイの波で使うサーフボードを求めて。

ハワイは11月〜2月の冬のシーズンがノースショアに大きな波が来る時期で、コンテストもこの時期に集中しているのですが、もうパイプラインはトコロの板でっていうのがお決まりでした。常にCT選手（※）がトコロさんの家に来たり工場に来たりで、今までDVDで見てた人たちと毎日会って一緒にサーフィンさせてもらったりとか、CTでワールドチャンピオンになった人が毎日家にご飯食べに来たり、そこで世界が変わったっていうか、ほんとにトップレベルを間近で見て、一緒に生活とまではいかないですけど、それぐらいの環境だったんでやっぱり変わりましたね。なんか、夢が目の前にあるみたいな毎日でしたから。トコロさんには感謝しかないです。

※CT／チャンピオンシップツアー。世界サーフィン連盟（WSL）が主催する世界ツアーで、世界のトップサーファーのみが参戦出来る世界最高峰のステージ。出場できるのは男子36名、女子18名。各国の海で大会を行い、年間チャンピオンを決定する。

家族同然に愛情を持って接してくれたハワイの名シェイパー、ウェイド・トコロは玲王にとって第2の父親。

第2の父親のもと ハワイでサーフィンに明け暮れた10代

トコロさんは自分を上手いサーファーにするより先に、まず立派な大人に育てたいとおっしゃってくれたそうです。自分は日本にいる親に育てられたけど、トコロさんにも育ててもらったと思っています。12歳ぐらいから17歳ぐらいまでは、ほとんどトコロさんの家で生活していたっていう感じでしたから。

11歳で初めて行った時は、最初2週間くらいの予定で行ったのですけど、やはり1週間くらいは不安と環境の違いとかでホームシックみたいなのもあったんですけど、気づいたら楽しくなってて、結局2カ月ぐらいまで滞在を伸ばして、それから毎年行くようになって。プロになった年からはほとんど1年間、もう自分の家みたいな感じでトコロさんの家に行っていて、本当の息子みたいにしてもらっていました。

それから毎年ずっと冬になると3カ月ぐらい、夏とかも大会がない間はしょっちゅうハワイに行くようになって。なのでほんとうに10代はハワイでしたね。ウェイド・トコロは第2の父親です。

こんな子供がひとりでハワイに来るなんて怪しい……空港のイミグレーションで取り調べ

初めてひとりでハワイに行った年は、英語は全く分からなかったけど、とにかくひとりで行くみたいな感じで行って。ハワイに入国する時、空港のイミグレーションで何時間も取り調べをされた記憶がありますね。子供がひとりで来てるんで、やっぱりハワイの税関ってめちゃくちゃ厳しくて、別室に連れていかれて。

何をしにハワイに来たんだとか、お金はいくら持っているんだとか、ひとりだし絶対おかしいみたいな感じで、3時間ぐらい質問攻めにあいました。その頃はまだ通訳の人がついてくれたりとかしてたんですけど、その後も何回も行ったり来たりしてるんで、そのたびにひとりで行くと、そういうことになっちゃう。5〜6回、別室に連れていかれました。怖かったですね。「自分は日本のプロサーファーで、ハワイの波に乗りに来たんです！」と何度説明しても信じてもらえなかったり。ハワイの税関は今でもちょっとドキドキします。

ある時、取り調べを受けていたらサーフィンに詳しい係員の方が来てくれて、あ、ウェイド・トコロは有名な人だし、この子、もしかしたらサーフィン上手いんじゃないの？って。だから何度も「自分はプロサーファーです！」って説明していたのに……。まあそれでやっと、いいよ行ってって解放されました。トコロさんのネームバリューに救われましたね。

運転免許証のない子供ゆえ誰かに海に連れていってもらう日々

10代前半の頃は当然運転免許証がないので、ハワイでひとりでいる時は車も運転できないのでトコロさんに毎日ポイントまで連れていってもらいました。トコロさんは毎日サーフィンする人だったんで。

トコロさんの家はオアフ島のイーストサイドなんですけど、毎朝いろんなポイントに連れていってもらいました。彼はすごく忙しい人なので、朝4時に海に入って、日が出たぐらいには海から上がるんです。上がったらそのまま仕事場であるサーフボード工場に7〜8時には行く毎日でした。

トコロさんはそのまま仕事なんですけど、自分はそこに来るお客さんにまた海に連れていってもらうっていう感じでしたね。行き先は、冬の間はノースショアです。ノースショアでいろんなポイントに入って、あとはトコロさんがスポンサードしている同年代の子たちと仲良くなって、その子の家に泊まり行って一緒に海に連れていってもらうとかっていう生活でしたね。

ハワイで最初に友達になったのは、今は世界最高峰のプロサーフィンツアーのCTに参戦しているセス・モニーツ（※）です。CT選手なんですけど、自分にとっては幼なじみという感覚ですね。セスが日本に来ると我が家に泊まりに来る間柄です。セスだけでなく、ハワイアンの友達は沢山出来ました。

※セス・モニーツ／ハワイ出身のプロサーファー。稲葉玲王と同じ1997年生まれ。父はハワイのレジェンド、トニー・モニーツ、姉はロングボードのワールドチャンピオンなどサーフィン一家の末っ子。

メンタルもテクニックも
自分のサーフィンのルーツはハワイ

その当時ビラボンが自分のスポンサーだったので、トコロさんの家に滞在しながら、ノースショアのビラボンハウスでも寝泊りしていましたね。

当時、ノースショアでも最も有名なサーフポイントであるパイプラインの目の前にボルコムハウス、クイックシルバーハウス、そしてビラボンハウスといったトップブランドが合宿出来る家を持っていて、そこに泊まるのが一番すごいっていわれていて、みんなそれを目指してくるんです、世界中から。

ビラボンハウスは故アンディ・アイアンズを始め、イタロ・フェレイラ（※）、ジョエル・パーキンソンなどビラボン契約ライダーがこの家を拠点として、パイプラインマスターズの栄冠とワールドタイトルを手に入れてきた家で、キッチンは3つ、バスルームは4つもありました。2階建てで、自分たちのようなアップカマーは下の階の相部屋で、CT選手になると個室が持てるようになる感じで。

※イタロ・フェレイラ／ブラジル出身のプロサーファー。2019年のワールドチャンピオン。2021年の東京オリンピックでは金メダルを獲得。

そんなビラボンハウスにも14歳ぐらいから1週間、2週間とか入れるようになって。そうすると、いろんな外国人がいるので、冷蔵庫に入れていた自分の食べ物を誰かに食べられたり、部屋に置いておいた自分の洋服とかも当たり前のように彼らが着てるし、タオルとかも使われるし、ビーチサンダルなんて絶対なくなるって感じで、最初はびっくりしましたね。

アジア人は自分だけで、オーストラリア、アメリカ本国、ヨーロッパ、ブラジルとかいろいろな国のサーファーが来ていました。とにかく誰も彼もメンタルがタフで、おかげでだいぶ鍛えられました。

こうしたメンタル面もそうですが、なにより自分のサーフィンにパワーがついたのも、ハワイのおかげではありますね。サーフボードも普段より長いボードに乗るし、そういうでかいボードを沈めるようなサーフィンを13歳ぐらいからしてきましたから。ハワイに行ってから世界を回るようにもなったし、友達も世界中に増えたし。だから自分のサーフィンのルーツはハワイかもしれないです。

Jan.08.2008

第3章

14歳誕生日の2週間前、ハワイで東日本大震災を知る

4日間家族と連絡が取れず絶望的な気持ちに――

2011年3月11日、東日本大震災が起きたあの日、自分はハワイにいました。ノースショアのビラボンハウスでジュニアキャンプをやっていて。世界中からトップクラスの14歳前後の、自分と同世代のサーファーが集められて合宿をしていました。

このピラボンハウスで、夜テレビを見ていたら、日本の津波の映像が映し出されて……。見ている周りの連中も、なんかこれヤバいぞとざわざわし始めて。自分も「えっ」と絶句したんですけど、最初、嘘だと思って。今のはニュースじゃないと思ったんです。でもよく見ると日本語が書いてあって、ニュースの英語の字幕の下に日本語が書いてあって、今、福島、仙台に津波が、という表示がされていて……。さらによく見ると、自分の家のある千葉も10mとか20mの津波と書いてありました。

その当時、自分は携帯を持っていなくて、iPod touchみたいなWi-Fiがあれば連絡できるみたいなものしか持っていなくて。LINEとかもまだなかった頃で、いつもはスカイプなどで親と連絡を取っていたんですけど、この日は何をやっても繋がらないんです。

もしこの映像が本当だったら、千葉にも津波が来ていたら、うちの家族も全員死んでるかもしれない、家もないかもしれない、と絶望的な気持ちになりました。ともかく、日本の誰とも連絡が繋がらなくて。ハワイにも津波が来るっていう警報が出て、海岸線にあるビラボンハウスからも逃げないといけなかったんです。

実際パイプラインにも津波がやってきました。幸いにも小さかったですが、でも本当に津波がハワイまで来て。夜でしたけど、避難しなくてはいけないので、みんなバラバラにいろんな家に行ったんですけど、自分はその時ビラボンのコーチをしてたレイノス・ヘイズっていう人の家に一緒に行って。

そこから4日間ぐらい、日本にいる家族と全く連絡が取れなくて、家族の安否が全く分からなくて。その4日間は本当に呆然としていたことを覚えています。日本のみんなや家族のことが心配でたまらなかったし、もう俺はこれからどうやって生きていくんだろうって。なんか、ほんとうに空っぽになったというか、どうしたらいいんだろうみたいな感じでした。

家族はみんな生きているよ！家もあるよ！

それでもキャンプは続いていたので、サーフィンしたりトレーニングしたりしていました。その時のコーチのレイノスは、今でも会うことがあります。今はイタロ・フェレイラのコーチをやっているのですけど、会うと今でもその時の話を必ずしてくれるんです。あのちっちゃかったお前が、もう途方に暮れてたよなぁって。

最近もポルトガルで会った時に、泣きながらそんな話をされて、自分も当時を思い出しましたね。あの時、本当にお前がかわいそうで、と。どうしたらいいんだろうって途方に暮れている自分を見て、多分日本に毎日電話してくれていたみたいで。それで連絡が繋がって、家族はみんな生きているよ！家もあるよ！って。

その時は本当に良かったなぁと安堵しましたけど、あの津波の映像や被災した町の風景を見た時の衝撃は忘れられません。こんなことになっちゃうんだ……って、心の底から驚きました。福島の原発のこともあったので、もう日本ではサーフィンできなくなるんじゃないかみたいな感じもあったんで、もう本当にショックでした。

もちろん被災された方たちが一番辛いと思います。家族を亡くされたり、家を失われたり、住んでいた街が壊滅状態になってしまったり――。言葉もありません。そして、サーファーにとってもすごく辛いことだったと思います。あの年は、一宮海岸などもしばらく立ち入り禁止になってしまいましたし、海に対する風評被害もありましたね。

自然と向かい合うサーファーだからこそ出来ることがあるはず

家のある千葉一宮にも津波はやって来て、お店まで波が来たそうです。幸いなことに被害はなかったのですけど、千葉の海岸線の北の方、片貝とか飯岡とかは家が流されてしまったり大変なことになっていました。知り合いのサーフショップもやられたって、帰国してから知って衝撃を受けました。

この震災は、海や波という自然と向かい合っているプロサーファーというアスリートとして、あらためて自然の力を考えさせられました。あの震災があってから、津波への対応として自分たちサーファーに出来ることをやらなければいけないという意識は高くなりました、当然のことですが。

津波が来るって分かった時に、どれだけ早くサーファーを避難させられるかとか、その当時みんなですごく訓練もやっていたので、そういうのにも参加していましたし、同じサーファーだからこそ伝えられることというか、早く上がりましょう！とか言えるっていうのは勉強になりました。サーファーに限らず、海岸にいる人たちみんなを無事に避難させてあげたい、津波からみんなを守りたいと強く思います。

今の自分に出来ることを一生懸命にやる！

この震災で自分の考え方も変わりましたし、自然は本当に怖いなって思い知らされました。いつでも死ねる覚悟で生きるってほど大げさじゃないけど、普通の生活が当たり前じゃないなって気づいたことが一番でかいです。

震災の直後、自分のブログにこう書いていました。

「昨日、HASAの大会（日本だとNSAの試合）がMAKAHAでありました…

日本が、大変な時に…どうしようか？迷いました…

今、僕が何のためハワイに来ているのか考え
僕に出来る事は、日本のサーフィン界に明るい話題を届ける事だと思い大会に出場しました！
明日から、14歳になります！
ハワイだと、明後日だけど…さっき、人に言われるまで誕生日を忘れてました…
14歳の僕に出来る事をいろいろ考え
これからも、頑張ります！」

この時の大会には、お世話になっていたウェイド・トコロの勧めもあって出場した記憶があります。あの時はとりわけ彼に支えられたというか、助けてもらったと思います。自分がどうしたらいいんだろうって悩んでいる姿を見て、導いてくれたというか。まさに恩人です。

今度は逆に自分がトコロさんの立場になって、これからの人たちに返していきたいですね。人から受けた恩は、別の人に返していく、その流れを作っていくしかないですから。

第4章

世界と戦う！ 自分のサーフィンで！

大きな転機となった世界ジュニア選手権4位

15歳の時、ニカラグアでISA世界ジュニア選手権が開催され、日本代表として出場しました。各国代表の選手が16歳以下4人と18歳以下4人が出場する大会で、オリンピックの選考大会になっているISA世界選手権のジュニアバージョンという感じなので、ジュニアの中ではかなり大きな大会ですね。

この世界ジュニア選手権のUnder16で4位になり、表彰台に上りました。一般的には1、2、3位が表彰台って認識かと思いますけど、この大会は4位も表彰台に上れてメダルももらえて。クーパーメダルといって銅メダルの次の位置づけになるメダルです。この世界ジュニア選手権は基本4位まで、国の総合ランキングとかも表彰されます。

自分にとっては世界のサーフィンの大会で戦う上で、大きな転機になった大会なんです。あれだけのレベルの中で互角に戦えたことが大きな収穫でしたし、それまでに日本人がサーフィンでメダルを取ったのはひとりいたかどうかという状況もあって。

いずれにしても当時日本人でISA（※）のジュニアで表彰台に上がるっていうのはなかなかできることじゃなかったので。なんか自慢みたいで恥ずかしいですけど、自分にとっては今までで一番、本当に一番大きい結果だったので、やっぱりすごく自信にもなったし、戦えるなっていう気持ちになりました。

※ISA／International Surfing Association。国際サーフィン連盟。アマチュアサーフィンを統括するスポーツ組織。国際オリンピック委員会（IOC）の国際競技連盟に所属。世界各地で毎年「ワールドサーフィンゲームス」を開催し、世界チャンピオンと国別のランキングを決定している。

この大会で戦った世界のトップジュニアの子たちとは、それまでにもいろんなところで対戦したり、練習する海の中で出会ったりしていましたし、それこそハワイとかで一緒に生活したりとかもあったんです。そういう中で、彼ら世界のトップジュニアに対しての慣れみたいなのはあったので、怖くないっていうか、自分にハンデがあるとは感じなかったことが大きかったですね。自分はこの15歳の時にすでにハワイだけじゃなくて、いろんな海外の大会を転戦していましたから、その経験も生きたのだと思います。

敗者復活戦を勝ち上がりようやく辿り着いた決勝戦

優勝したのはジェイコブ・ウィルコックスというオーストラリアの選手で、2位がイタリアのレオナルド・フィオラヴァンティ、3位がアメリカのジェイク・マーシャル。今はもう全員CTに入っています。表彰台に上った中では自分以外は今や全員CT選手なんて、なんだよって感じですよね。

この大会、自分はリパチャージという敗者復活戦を勝ち上がっての4位でした。このリパチャージっていうのに回ると、メインのラウンドで勝ち上がっていくと多分7回ぐらいで決勝なんですけど、リパチャージに落ちると倍ぐらい試合をしないといけないんですよ。あの時はたしか12～13ラウンドやりましたね。1日に何試合も普通にあるんです。ほかの大会ではありえないぐらいの数を勝ち上がらなければ上位に進出出来ないんです。体力が必要だし、タフなメンタルも持ち合わせていないと対応出来ないですね。

ファイナルも3つぐらいあるんですよ。メインファイナル、リパチャージファイナル、そしてグランドファイナル。グランドファイナルはメダルの色を決める最後の戦いです。この時のニカラグアの波が、ともかくすごくいい波で、サイズもある波だったので、そういうサーフィンの上手さが出るような大会の中で、4位になれたっていうのが一番自信になりました。

アロハカップで日本チームが優勝！表彰式で流れた「君が代」に感激

ニカラグアは中南米にあって、大会の会場となった海岸は太平洋側に位置しています。メキシコと南米大陸の真ん中の細いところにあって、世界で一番貧しい国といわれていますけど、大会の会場だったビーチはリゾート地っぽい感じでした。それでも靴とかを玄関の外に置いておくとサソリが入っちゃうことがあるから、必ず裏返してから履けって言われましたね。なかなかにワイルドです。

そして、このワールドジュニアの個人戦のあと、国別対抗のチームチャレンジ、アロハカップで日本チームが優勝したんです。表彰式で君が代が流れました。

やはり感慨深かったですね。今までサーフィンの世界大会で君が代が流れたことってなかったので、本当にこれが初めてだったと思います。そのあともないですよね。だからそういう意味ではすごい大きい場に自分も入れて良かったなって思いますね。日本代表として「やったぞ！」って感じです。

この時期の自分はサーフィンが絶好調でした。さらにこの大会で結果を残せたことで、世界で戦えるなっていう自信を持ちました。その原因はすごい技を習得したとかそういう話ではなくて。

15〜6歳の頃って、まだ世界とのレベルの差がそんなにないというか、でもこの年代あたりから一気に変わってくるんですよね。15〜6歳くらいからいきなりCTレベルにいっちゃう子がいたりとか、そこの外国人との差っていうのはいまだによく分からないんですけど。体力なのか、メンタルなのか、サポート体制なのか。

とにかくこの大会に出場している選手たちはすでに世界で有名な子たちがいっぱいいて、すごいスポンサーがついていたり、雑誌とかでもずっとフィーチャーされている子が沢山いて。でもその中でも全然戦えるなっていう気持ちになりました。世界を目指すきっかけはこの大会が大きかったかな、と思いますね。

勉強して青春して——
中学校には本当は行きたかった

この大会に出た時は15歳で、日本では中学3年生の年齢です。13歳でプロになって、ハワイとかオーストラリアとかで長期間海外でサーフィンしてきて、ひたすら経験を積んでいました。日本で中学校に行ったのは1年生の半年ぐらいでしたね。あとは同級生たちが学校に行ってる期間も自分は海外に行っていました。

中1の秋冬ぐらいにオーストラリアに行って、そこから1年、オーストラリアで現地の学校に通っていました。そのオーストラリアの学校には、世界ジュニア選手権で2番だったイタリアのレオナルドとかも同じ学校に入っていたり、その後CTに入った選手とかがいたり、モロッコから来てたりブラジルから来てたり、いろいろな国のジュニアサーファーが同じ学校にいましたね。

オーストラリアに1年行ったあとは、ずっとハワイです。中2の秋〜冬ぐらいからハワイに行きました。オーストラリアでは最初語学学校に入って、そこから一応ハイスクールみたいな学校にも入れたんですけど、オーストラリアはちょっと自分には違うなと思ってハワイに行きました。

それでもやっぱり本音を言えば、日本で友達と遊んだり、学校にももっとまともに行きたかったなって思ったりします。なにせ中学校1年の2学期ぐらいまでしか学校に行っていないので。オーストラリアで語学学校に行ったり、ハワイでもちょっと学校に入ったりしましたけど、日本にいる友人たちのようにまともに学校に行ってきちんと勉強するってことはしていませんでしたから。

たまに海外から帰って来た時に周りの友達とか見てると、楽しそうだなぁってうらやましく思うこともありました。自分には彼らのように青春みたいなのはなかったし、普通の学校生活もしたかったなって思います。学校に行きたくない人もいっぱいいる今の世の中ですけど、自分はやっぱり行きたいなって思いますね。勉強して青春して。まあ、ないものねだりにはなりますけど。

学校を辞めるっていうか、学校に行かないで海外に出ようって決めた時は、サーフィンでやっていこうって本当に決意した時だったと思います。もちろん親からのアドバイスもありましたけど、中学1年生でプロになって海外に出る決断をした時、自分の人生を決めた感じでしたね。それを理解してサポートしてくれた親には感謝です。「自分を磨くために、親元を離れオーストラリアやハワイへサーフィン修行に」とか書くとかっこいいですけど、実は日本の中学にも行きたかった、青春したかった、でも自分の夢を追いたくて海外に飛び出した、そんな感じです。中学校は義務教育なので、出席日数が全然足りないとかで、本当は卒業させてくれないみたいな話もあったんですけど、義務教育って実は学校に行っていなくても卒業できるんで、特に問題なく中学は卒業できました。

これまで獲得してきたトロフィーもパリ五輪で着用したウェアも、
実家のクローゼットに無造作に収納しているのもレオ流!?

地元の試合では必ず掲げられる、稲葉選手を応援する大漁旗。

第5章
夢をひとつ叶えたフランスでの大会

フランス南西部のホセゴーを舞台に世界のトップジュニアと競演

小学生の頃から、サーフィンに関していくつか実現したい夢がありました。そのひとつが、フランスで開催されるクイックシルバー・キング・オブ・ザ・グロムに出たい、です。

これは16歳までの世界のトップジュニアが18名で戦う大会で、日本人の枠は1名。ビデオ一般投票の数で出場選手が決まります。ISA世界ジュニアとキング・オブ・ザ・グロムが16歳以下では世界で一番大きい大会だったんで、しかも名誉ある大会だし、そこには出たいってずっと思っていましたね。それで16歳以下でギリギリ最後の年、15歳の9月にやっと初めて出られたんです。

試合のフォーマット的には普通の大会とは全然違っていて、ひとり3試合できるんですけど、違うメンバーで3人ずつの対戦で、自分のスコアの高かった3本の合計の点数で順位を決める感じだったと思うんですけど、自分は4位でしたね。

トップ3人に入ると、もう1回ファイナルを戦えたんですけど、残念ながらギリギリで4位で。でも結果としてはもう4位で固定だったんで、やっぱりこれもすごい自信になりましたね。出場メンバーもISA世界ジュニアと同じような顔ぶれでしたから。優勝した

のは、ジェイク・マーシャルかレオナルドだったかな。

大会会場はフランス南西部のホセゴー。世界トップレベルの波が割れるビーチブレイクとして有名なビーチです。サーフショップがいっぱいあって、サーフタウンっていう感じですね。ちなみにパリオリンピックが決まった時、サーフィンの会場はホセゴーだろうなと思っていたら、まさかのタヒチでしたね。ホセゴーは夏が一番波がいいので、実際オリンピックの時もめちゃくちゃいい波だったようです。

世界チャンプと親しげな子供
あいつ、誰だ？

自分の中でこの大会に出たかった理由のひとつは「CTと一緒にできる」っていうのがやっぱり大きかったですね。CTのクイックシルバー・プロ・フランス大会と同時開催なので。目の前で、同じ場所でCT選手と練習したりとか、そのCT選手が試合前にいる選手エリアに一緒にいたりとか、クイックシルバーが用意した家で出場するジュニアのメンバーみんなで一緒に共同生活みたいな感じもあったんで、あの年で経験できることじゃないと思うんで、すごく良かったですね。

選手エリアにはケリー・スレーターとかスター選手が勢ぞろいで、自分も同じようにその場に出入りして試合をしていたわけで、本当に夢みたいでしたね。でも、ミック・ファニング（※）とかは、ハワイのトコロさんの家で一緒にご飯食べたりとかしていたから仲が良かったので、すぐに彼が気づいてくれて、話しかけてくれて、一緒にサーフィンしましたね。ミックがそばにいてくれたから、みんなにも一目置かれた感じです、あいつ、誰だって。

そんな環境に身を置いて、自分もCTでやってやろうって気持ちが新たになったというか、やっぱりこういう場でやりたいなっていう夢がさらに広がった感じです。

※ミック・ファニング／サーフィン大国オーストラリア・ゴールドコースト出身。世界チャンピオンに3度輝いたプロサーファー。

爆走タクシーでエッフェル塔へ弾丸観光

キング・オブ・ザ・グロムに出場するためにフランスに行った時は、父と2人で海外の大きい大会に初めて行ったこともあって、そういう意味では結構いろいろな思い出がありますね。そんな思い出のひとつに、父とエッフェル塔を見に行った珍道中も忘れられません。のんきにエッフェル塔をバックに撮った写真が残っていますけど、あの時乗った怪しいタクシーはすさまじかった。今まで乗った車で一番、人生で一番スピード出した車に乗りました。200キロ超えでタクシーが爆走するなんて、普通考えられないじゃないですか。

なんでそんなに飛ばしたかというと……。空港でのトランジットの間にエッフェル塔に行ってみたいって、きっと自分が言ったのだと思います。トランジットが多分5〜6時間ぐらいあったので。それでタクシーの運転手に「トランジットの間にエッフェル塔に行って戻ってきたいけど、行ける?」って聞いたら「行けるよ」って。でも実は、その空港からエッフェル塔まで、普通は3時間はかかるらしくて、でもそれを知らなくて。ホセゴーから最寄りの空港だから、ビアリッツ空港だったのかな。爆走タクシーでエッフェル塔まで行って、写真を1枚撮ってすぐに戻ったっていう感じでしたね。タクシー代は父が払ってましたけど、高かったでしょうね。

そして今思うと、昨年のパリオリンピックのサーフィンがタヒチで行われ、開会式も我々サーフィン組はタヒチだったので、結局パリには行けずじまいでしたから、あの時エッフェル塔を見ておいてよかったなって思います。それにしても、このキング・オブ・ザ・グロムといいオリンピックといい、自分は節目節目で不思議とフランスと縁がありますよね。

夢を叶えるために
いつも実行していたこと

キング・オブ・ザ・グロムに出たいとか、子供の頃からの夢を叶えるために、その当時自分は何をやったか、そんなことを最近考えたりします。すると思い当たることは、「自分がそこにいるっていうことを常に想像していた」というか、イメージしていたなと思い出しました。イメージを持って、具体的にイメージして、そうすることでイメージが現実になって夢が叶っていくということです。サーフィンのDVDとか見ながら、そのCT大会に自分が出てるっていう姿をずっと想像していたり。

サーフィンは特にだと思うんですけど、イメージはすごく大切ですね。技とか飛んだりしたりとかチューブもそうなんですけど、イメージできないと実際にできないんです。反復してできるようなもんじゃなくて、スケートボードとかほかのスポーツと違って、同じ波は来ないし、常にその技をできるセクションがあるわけじゃないんで、やっぱりイメージできないと、絶対そういう技もできなかったし、そういう意味でもずっと想像はすごくしてましたね。

夢を叶えるためにイメージを持つということは、漠然と夢見るだけじゃなくて、具体的に、あの波でこの技をかけてヒートを勝ち上がって、みたいなことも含めて「イメージを持つ」ことで、これが夢を叶える近道かもしれません。もしかしたら、これはサーフィンに限らずいろいろな局面に当てはまるのかもしれませんよね。

思い返すとこの年、２０１３年は自分にとって大きな夢を３つ叶えた、すごくいい年でした。世界で戦えるなっていう自信をつけた年です。この年、ＷＳＬ（世界サーフィン連盟）の方のワールドジュニアのチャンピオンシップもあって、そこでの相手はガブリエル・メディーナ（※）とかフィリペ・トレドとかで。彼らもまだ若くて18〜19歳とかで、一方自分は15歳で、そこで9位になったんで。ガブリエルたちはすでに当時ＣＴ選手としてツアーにも参戦していたと思います。

※ガブリエル・メディーナ／ブラジル出身のプロサーファー。ＣＴで3度のワールドタイトルを獲得し、ブラジルではサッカーのネイマールと並び英雄と称される。

TEAM
BIZTE
SURFWEAR SINCE THE BEGINNING
トーヨーカネツ
tokoro
CARIUMA
FEA 2001.com
futures.
RONIN

第6章

子供の頃の夢と、パイプラインと、炭水化物の吸収と

ニカラグア、フランス、ブラジル 結果も残した充実の2013年

2013年にはWSLのワールドジュニアである、WJCっていうワールドジュニアチャンピオンシップも開催されました。ISA世界ジュニアよりこっちの方がジュニアの大会としては格上で、本当にワールドジュニアのチャンピオンを決める大会です。これに初めて出られたのがこの年で、9位という結果でした。ISA世界ジュニアで4位だったり、キング・オブ・ザ・グロムでも4位だったりした同じ年だったんですよ。15歳だった2013年のことです。

出場資格は21歳以下でこの大会は統一なんですけど、もうトップ8人、みんなCT選手みたいな感じで、ガブリエル・メディーナがその時に優勝して、フィリペ・トレドとかジョン・ジョン（・フローレンス）も出てたかな。こんな強力な面々のそろったジュニア大会で9位という結果を出せて、しかも初めてのWJC出場で。

その当時はISA世界ジュニアとキング・オブ・ザ・グロムとこのワールドジュニアに出たいっていうのが、念願というか目標にしてたわけで、それが全部叶って、そこでそれなりの結果も出せたので、やっぱり一番いい年でしたね。ワールドジュニアの会場はブラジ

ルのフロリアノーポリスっていう島でした。開催されたのは10月末ぐらい。だからこの年は、6月にニカラグアでISA世界ジュニア、9月にフランスでキング・オブ・ザ・グロム、10月にブラジルでWJCととても忙しかったですね。

パイプラインで乗りたい波に乗れるチャンス！

「出たい！」と思っていた大会のひとつに、ハワイ・オアフ島のパイプラインを舞台にしたボルコム・パイプ・プロがありました。

ハワイに行くようになって、パイプラインでサーフィンすることの魅力だったり意味を知るほどに、パイプラインで試合ができるボルコム・パイプは、やっぱりどうしても出たかった大会のひとつでした。そもそもパイプラインで試合が出来る機会って、これかCTの大会しかなかったので、ボルコム・パイプに出たくて海外のツアー、つまりWQS（※）を回り始めたくらいなんです。

※WQS／ワールドクオリファイシリーズ。WSLが主催する世界最高峰のツアーWCT（現CT）に参戦するための予選として世界各国で開催されたサーフィン大会。現在はシステムが変わり、CT、CS、QSの3部構成。

ボルコム・パイプ・プロは出場したい選手が多い人気の大会なので、WQSのポイント上位に入っていないと出られなくて、さらにそこにCT選手も加わってくるので狭き門なんです。自分が17歳で初出場した時はキャンセル待ちみたいなので出られたのかな、経緯はあんまり覚えてないですけど。

パイプラインには13歳から毎冬入っていました。ともかく競争が激しいポイントなので、日本人が全然乗らせてもらえなかったりとかもあったんですけど、だからこそこういうパイプでの大会だったら4人でやれるので、もう本当に自分の乗りたい波に乗れるチャンスがあるっていう意味でパイプでの大会に出たいと思っていました。

自分も最初はパイプとかハワイのでかい波はやっぱり怖くて、どちらかといったらやりたくなかったです、ビッグウェーバーになりたいわけでもなかったし。でもハワイにいるとそれが当たり前になるっていうか、サーフィンの価値としてパイプラインで一本すごい

波を決めるっていうのが世界に認められる一番近道なんだろうなと分かってきたんです。大会で活躍するより、パイプで一本すごい波に乗れた方が世界で有名になるんじゃないかなっていう。なんかそこに価値観をだんだんと感じ始めて、それでパイプを頑張ってやるようになったっていう感じです。

「奇跡の7マイル」ハワイ・オアフ島ノースショア

世界でも指折の波が立つサーフポイントが点在する、ノースショアですけど、大きな波がやってくるのは11～2月の冬のシーズンです。ノースショアに大波をもたらすうねりは、西高東低の日本の気圧配置と大きく関係していて、「東低」の低気圧がアリューシャン列島付近で台風並みに発達すると、そこで発生した猛烈な風が海面にうねりを作り、そのうねりが何千キロも延々と海を渡ってノースショアにやってくるんです。遮るもののない海を渡ってきたうねりが、ノースショアの海岸線で浅い岩棚に乗り上げ、その結果として大きくてパワーのある波になるんです。ノースショアは「奇跡の7マイル」と呼ばれるくらい、世界屈指の波がわずか10キロくらいのエリアに無数に存在します。

そんな冬のノースショアでは、もちろんCTをはじめ数々の大会がこの時期に開催されますし、世界中からその波を求めて数多くのサーファーがやってきます。ビッグウェーバーと呼ばれる、大波に乗ることを何より大切にしているサーファーも多いですね。ノースショアでも一番大きな波が立つポイントとして有名なのは、ワイメアというポイントです。伝説のビッグウェーバー、故エディ・アイカウの名を冠したビッグウェーブ・コンテストが行われるところですね。

自分はビッグウェーバーになりたいわけじゃないって言いましたけど、ワイメアにも入りますね。やっぱりすごく怖いですけど、ハワイにいるとワイメアに入るのも当たり前になっていくんです。周りの友達がやっていたりするし、若い頃からハワイに行ってると自然とそういうふうになっちゃいますね。

ある程度大人になって、20歳くらいになってから冬のノースショアに行くと恐怖の方が勝っちゃうんで、それからできるようになった人っていうのは、あんまり見たことがないですね。みんな若い頃からやってる人がノースで乗れてるっていう感じで。日本のプロサーファーも本当にでかい波はできない人は多いですよね。それは若い時からハワイを経験していたかどうかの差なのかもしれません。

それほどノースショアの波はすごいですから。毎冬、世界中のすごいサーファーがあそこに集まるし、どんなサーファーも避けては通れない道だと思います。サーフィンのすべてが、あそこにあるって思うんです。

パイプラインで輝くサーファーを目指して

そんなノースショアでも一番注目を集めるパイプライン、この海で輝いていたサーファーは、それこそ沢山いましたね。CTのワールドチャンピオンにもなったパイプラインのローカル、ジョン・ジョン・フローレンスはもう子供の時からすごかったですし、ジェイミー・オブライエンも抜群でした。最近はYouTubeで面白いコトやってて人気のジェイミー・オブライエンですけど、彼のパイプでのサーフィンは本当に一番すごかったんじゃないかな。ジェイミーは昔からウェイド・トコロのライダーなので、トコロさんの家で息子のように暮らしていた自分にとっては身近な存在でした。

日本人では脇田貴之さんが、もうその頃から有名でしたね。自分がパイプラインでやるようになって、どれだけすごいことを彼がやってるかっていうのが分かりました。たとえば1本乗る間に30本、40本も大波を食らってたり……誰も乗れないようなでっかい波を食らって、何回もやり直してとか、やっぱりすごいですね。普通だったらその1本で死ぬ可能性もあるっていうのを一日中やっているんですよ。そして今でもずっと同じことをやられているのもすご過ぎます。

パイプラインには「ワキタピーク」と呼ばれる、脇田さんの名前を冠したピークがあるんです。パイプラインの中でも誰も行かないような危険な場所、そこにいたら確実に大波を食らうし、乗る場所もチューブを抜けられるようなところじゃなくて。みんなが波待ちする位置よりずっと奥なんです。多分もともとローカルが一番いいところにいるんで、そこにいたら絶対波は回ってこないんで、そのさらに奥に行けば……っていうところから始まってると思うんですけど、でも世界で誰もあそこでピークに名前をつけられていないし、本当にすごいと思いますね。

自分はまだパイプラインで最高の波には出会っていないですね。十分な波には出会ってますけど、本当に自分が求めてる「これだ！」っていう波にはまだ一回も乗れていません。だからまだまだ行きますよ。

炭水化物の吸収がすごくいい体質に生まれて

この時期、体重を10キロを増やしたりしてノースアタックをしていました。あんまりやせていると波のパワーに負けちゃうんで、ある程度体重はあった方がいいのかなと思います。地元の大先輩でもある、久我孝男さんからも「もっと食べて体重増やせ！」と言われたっていうエピソードも残っています。自分では全然覚えていないんですけど（笑）。でもたしかに若い頃はいろんな人にいっぱい食べて体重増やせ！みたいなことを言われましたね、ちっちゃい頃はガリガリだったんで。

体重の問題はサーフィンにはついてまわる話で、たとえば波の小さい国内の大会で勝つためには逆に体重を絞らないといけないんです。だけど、海外に出ると絶対に体重を増やさなきゃいけないみたいな、体重管理が必要なんです。今は増やすのは簡単ですけど、やっぱり減らすのはちょっと大変です。でも1週間か10日ぐらいあれば、5キロ、7キロぐらいは減らせますね。自分は炭水化物とビールを飲まなければ太りはしないので――ビールは普段は一応飲まないようにしてますけど――、とにかく体質的に炭水化物の吸収がすごくいいみたいなんです。だから炭水化物を抜くだけで結構体重は落とせますね。

米とかパンとかパスタとか麺とかの炭水化物をやめて、その分サラダで野菜をずっと食べて、それでお腹満たして。肉とか魚とかは食べますけど、でもそれで1週間で5キロは落とせます。あとは陸上でのトレーニング運動を増やしたりとか。

五輪メダリスト森田智己さんからメンタルを学ぶ

トレーニングといえば、ニカラグアのISA世界ジュニアに行く少し前から、森田智己さんというアテネオリンピックの水泳で銅メダルを取った方にトレーニングを見てもらっていたんです。森田さんには筋トレとか体幹を教えてもらっていたんですけど、それ以上にメンタルを教えてもらいましたね。特にそういうお願いをしていたわけではなかったんですけど、話を聞いているだけで、試合に対する考え方とかすごく変わりました。

ご本人の経験談とか、普通の会話の中で圧倒されたというか、本物のアスリートってこうなんだなって子供ながらに感じたのかなと思います。ISA世界ジュニアに行く少し前だから15歳の頃です。森田さんには20歳あたりまで見てもらってて、その後も交流はあるんですよ。でもまぁ、そんなに思いっきりフィジカルのトレーニングとかはやってこなくて、やっと最近ちゃんとトレーニングを始めた感じです。

第7章

海外を転戦する日々の中で得たもの

日本のジュニアチャンピオンに
そしてアジア地域のチャンピオンに

18歳になった2015年は、WSLジャパンのジュニアチャンピオンになりました。その頃すでにWQSで世界の大会を回り始めていたので、日本を拠点にしていたわけではなくて、ずっと世界各国で試合をしていたんです。で、その中で日本のジュニアの大会もあって、そこでいい結果を残せていたから日本のジュニアチャンピオンになったわけなんです。

ジュニアの日本チャンピオンになれたので、WSLのWJC（ワールドジュニアチャンピオンシップ）に2回目の出場を果たせたことは大きかったですね。そして翌2016年はWSLのリージョナル・チャンピオン（アジア地域・日本でのWQSチャンピオン）になり、翌年はポイントの高いQSプライム（QS10000）に出られるようになったんです。

リージョナル・チャンピオンになった2016年のWSLの試合は、宮崎で行われた「Trump Hyuga Pro」で2位、台湾で5位、一宮のQS6000で9位という成績でした。この中で一番印象に残っているのは、やはり、地元の一宮で開催された

QS6000の「Ichinomiya Chiba Open」ですね。地元開催のビッグな大会で、まずまずの結果を残せたと思っています。

この一宮でのQS6000から樹《いずき》くん（元JPSAグランドチャンピオンの田中樹氏）にコーチをお願いしたことが、すごく大きかったですね。それまでは良い波が来たら乗るだけな感じで、試合運びが本当に下手だったんですけど、それが樹くんに戦術や試合運びを教えてもらって、それで大会を勝ち上がることができるようになりました。

それから海外の試合では舐められたら終わりなので、練習で海に入っている時とか喧嘩じゃないですけど、外国人と言い合いもしましたね。日本人って童顔だからなのか基本舐められてて、ドロップイン（※）とか当たり前にされるんで、でもそれに負けじとガンガンやってるとやっぱり認められてきて舐められなくなりますよね。そのうち仲良くなって、フリーサーフィンでも乗れるようになりました。自分はハワイアンに友人が多かったので、そういう部分で助けられたというのもありましたけど。

※ドロップイン／サーフィンには「ひとつの波に乗れるのはひとりだけ」、ワンマンワンウェーブというルールがある。波が一番初めに崩れるトップの部分（波のピーク）の近くにいるサーファーに一番

の優先権があり、それ以外のサーファーはその波に乗るのはやめなくてはならない。そのルールを無視して優先権のあるサーファーが乗っている波を横取りするように、手前から乗る行為をドロップイン（前乗り）という。

カリブ海西インド諸島、モロッコ・カサブランカ、ポルトガル・サンミゲル島、アルゼンチンetc. 戦いの舞台はワールドワイド

それにしてもこの時期は本当にいろんな国を転戦して試合をしていましたね。イスラエルとかアルゼンチンとか、人気がないところの大会がチャンスなんで、変なところに行ってポイントを稼ぐみたいなこともやっていました。ともかくポイントを稼いでQSのランキングを上げて、よりグレードの高い大会に出て結果を出さないと、目標であるCTに上がれるチャンスがなかったので。

年間、何試合ぐらい大会に出ていたか、もう自分でも正確には覚えていないのですが、先日WSLのサイトに自分の名前を入れて検索したら、ずらっと出てきました。

2017年ポルトガルで開催された「Billabong Pro Cascais」でのライディング。
この年は世界各国でのQSに17大会出場した。
提供：WSL/ZUMA Press/アフロ

2015年は、カリブ海に浮かぶフランス領西インド諸島にあるマルティニーク島で4月に行われた「Martinique Surf Pro」や、8月から10月末まで続いたヨーロピアン・サマー・レッグでは、フランス・ラカナウでの「Soöruz Lacanau Pro」、同じくフランス・アングレットでの「Pro Anglet」、スペイン・ガリシアでの「Pantin Classic Galicia Pro」、モロッコ・カサブランカでの「Quiksilver Pro Casablanca」など15大会をフォローしています。

2016年はポルトガル・アゾレス諸島のサンミゲル島で開催された「Azores Airlines Pro」など14大会、2017年はアメリカ東海岸のバージニア・ビーチでのQS3000「Vans Pro」など17大会に出場しました。とにかくこの時期は1年中ほぼ海外で、日本に帰る時間もないくらい、いろんなところに行きましたね。

こうして当時の記録を見るとどの試合も思い出すことは沢山ありますが、「Vans Pro」の会場になっていたバージニア・ビーチは自分のホームブレイク・一宮と似ている波で、毎年ここでは自信を持って戦えていたことを思い出します。2017年は、今やCTツアーの上位常連のグリフィン・コラピントに阻まれて順々決勝で負けてしまいましたが、9位でしたからまあまあだったかな。この大会は翌年ファイナルまで行きましたね。

夢を現実のものとするために毎年の終わりに来年の目標を立てる

海外を転戦する時は、基本ひとりで行くことの方が多かったですね。次はどこの国の試合に出ようと決めたら、飛行機や宿の手配などもすべて自分ひとりでやっていましたから、会場に着いた時にはもうへとへとなんてこともありました。ジュニアの頃は村上舜と2人で回ったりとか、あとは外国人チームに入って、ブラジルだったりヨーロッパとかはそういう現地の人たちと一緒に回ってましたね。

ジュニアの頃は車が運転できないので、できるだけ会場となる海から近いところのホテルを自分で探して予約して。で、行ったら全然場所が違ったりとか、ポイントが変更になって板2本持って40分ぐらい歩いて会場まで行ったりとか、トラブルは日常茶飯事でした。一番きつかったのは、ホテルの周りに本当に何もなくて、2日間何も食べず何も飲まず、腹減って眠ることもできなかった時かな。あれはアメリカのイーストコーストでしたね。アルゼンチンでも食事でひどい目にあったことがあります。

当時は世界中でQSの大会が行われていて、自分で選んで出ることが出来たけど——もちろんポイントが足りなくて出られない大会もありますが——、でも世界がコロナ禍になってしまってＷＳＬのシステムも変わってしまい、もう当時のようなことは出来なくなってしまいました。ＱＳは地域別になったからです。

こうして世界を転戦しつつ、初めてのプライムに挑んだ２０１７年の結果はワールドランキングが１３６位だったんですけど、２０１８年は71位、２０１９年は30位と着実にランキングを伸ばすことが出来ました。２０１９年は……いよいよ目標とする最高峰のＣＴツアー入りがもう目の前にあった感じだったんですけどね。

プライムに入った年から、親にも誰にも言っていないことなんですけど、毎年終わった時に来年の目標を立てていたんです。来年は何番で終わるとか、ここは優勝するとか、そういう具体的な計画を立てて。プライムに入った最初の年、２０１７年はダメだったんですけど、２０１８年の１００番以内という目標は達成できて。ＱＳ３０００でファイナルとか、そういうのを予定通りできたことが自信に繋がりました。

海外を転戦していた20歳の頃。2018年「Vans World Cup」会場にて。
写真：KONDO/アフロ

第8章 サーフィン人生を変えた2019年

地元の大声援の中、3位表彰台 QS世界ランキングも3位に

2019年は自分のサーフィン人生で一番大きな年でした。2018年にQSの最終ランキングは71位。やっぱりトップ10人がCTに入るというのは、その頃から変わらないんで、もう次の年は、ランキングを10位以内にして本当にCT入りを決めようって思っていて。

実は2019年シーズンの始まる時に、ちょっとお金が厳しくなっていて、その当時のスポンサーさんだけでは、2019年後半戦は世界を回れない状況に陥っていたんです。家からは一切もらわないと決めていたし、新しいスポンサーをつけないと後半戦回れないっていうぐらい金銭的にちょっときつかったというか、そんな状況でした。

だから本当に強い意志でこの年の前半の半年で決めようって決意していました。この年の始まりの1戦目がイスラエルの大会「Seat Pro Netanya」だったんですけど、そこで5位、ポイントの高いQS6000の「Oi Hang Loose Pro Contest」がブラジルであって、そこも5位。

このブラジルでの大会は、クォーターファイナルで負けちゃったんですけど、クォータ

ーファイナルは自分以外全員ブラジリアンの現役CT選手でした。ガブリエル・メディーナ、イタロ・フェレイラ、ヤゴ・ドラみたいな。この時点で自分のQSランキングは2位だったんですけど、それ以降の大会は優勝すると10，000ポイント加算される大きな大会が増えてきて対戦相手もぐっと手ごわくなってくるし、ランキングも一気に変わってくるので、やはり前半戦でどれだけ稼げるかが勝負でした。

そして、5月に開催された「Ichinomiya Chiba Open」。会場の志田下（東京オリンピックでサーフィン会場となった一宮・釣ヶ崎海岸）は地元ですし、気合も相当入っていて、ここは絶対に勝てるという自信を持って臨みました。髪型もパンチパーマにして、これで負けらんないでしょって自分を鼓舞して。結果は3位だったんですけど、自分的には全てのラウンドが良かったし思い通りに試合運びができましたね。この時点でQS世界ランキングは3位になりました。日本人では初めてのことだと思います。（大原）洋人がUSオープンで優勝して以来の日本サーフィン界の明るい話題だったんじゃないかなっていうぐらいの結果だったんです。

2019年5月に地元で開催された「Ichinomiya Chiba Open」で3位表彰台に。
写真：KONDO/アフロ

スポンサー探しもすべて自分で

この「Ichinomiya Chiba Open」で3位になったことで、この大会のスポンサーだったガッチャが自分のスポンサーになってくれることになり、後半戦も世界を回れるようになりました。自分は今こういう状況で、このままでは後半戦は世界を回れないという相談をしたところ、この大会で結果を出したことを認めてくれて、やってくれるっていう話になって。

それまでのスポンサーはリップカールで、この契約は年間通しての契約なので、シーズン中にスポンサーを変えるなんて普通ありえない話なんですけど、当時のリップカールの社長が応援してくれてたっていうのはあると思いますね。

リップカールとガッチャは競合する会社ですから、本当だったらシーズン中に変えるなんて契約違反でもありますし辞めさせてもらえないんですけど、自分の状況を理解してくれて辞めさせてくれたっていうことが、応援ってことで。本当だったら契約違反になるんでありえない話だったんです。

自分は選手ですが、こういうマネジメントも完全にひとりで、スポンサーさんとの交渉も自分だけでやってきました。いわば個人経営主ですかね。選手をやりながらはすごく大変ですけど、応援してくださる方が沢山いてくださってありがたいです。

念願が叶う寸前、こぼれ落ちていった希望

前半は好調だったこの年ですが、最終的にはQS世界ランクは30位で、悲願だったCT入りを逃がしてしまいました。悔しくて落ち込みました。なぜかというと、10位から40位ぐらいまでは本当に数ポイントしか差はなかったので、ともかく悔しかった。自分を含めて40位ぐらいまでの選手は全員たった1回、どこかの大会でラウンドを1回勝ち上がっていればCTに行けていた、そんな感じの僅差でした。自分も「Ｉｃｈｉｎｏｍｉｙａ Ｃｈｉｂａ Ｏｐｅｎ」で優勝してたらCT行けていたんじゃないですかね。だからセミファイナルに進出した「Ｉｃｈｉｎｏｍｉｙａ Ｃｈｉｂａ Ｏｐｅｎ」の3位は嬉しいけど、悔しい思いもあります。

この年のQS最終戦のハワイ・サンセットでの試合が終わった時は、正直、悔しくて「何でCTに入れなかったんだろう」と何度も考えました。どれだけそこに入りたいかという

思いの中で、きちっと準備ができていたのかとか。目標は立てていたつもりでしたけど、前半に自分が思うより良い結果が出ていたことで、そのまま突っ走っちゃったことが悪かったのかとか。CTは強い気持ちだけで入れるところではないってことは、分かっていたつもりだったんですけど。

また、この時点で東京オリンピックは翌年の2020年に予定通り開催のはずで、自分も一応代表候補のひとりだったわけですけど……。

翌2020年3月24日、新型コロナウイルスの感染が世界に拡大する中、東京オリンピックの1年程度の延期が決定。3月30日には2021年夏に延期されることが決まる。

2020年11月1日~3日、千葉一宮・釣ヶ崎海岸にて「第2回 JAPAN OPEN OF SURFING」開催。優勝・大原洋人、準優勝・稲葉玲王。優勝した大原は翌2021年5月にエルサルバドルで開催されるオリンピック最終選考会となるISA世界選手権への出場の最後の一枠を手に入れ、こ

の大会で4位となり、条件付き内定を得ていた村上舜を抜いて日本代表の最後のひとりに選ばれた。

23歳で迎えた「JAPAN OPEN OF SURFING」は、優勝すれば翌年に延期された東京オリンピックへの最終選考会を兼ねたISA世界選手権へ行けるとされた大会になりました。

でもこの時期のオリンピック出場選手選考の過程がちょっと曖昧だったので、そこに関してはあんまり気持ちが入っていませんでした。それでもやっぱり、地元の一宮で開催されたこの大会で負けたのはすごく悔しかった。自分も試合内容的には勝ったと思っていたし、なおさら悔しかったです。エルサルバドルで逆転して代表に選ばれた（大原）洋人は祝福したいですけど、オリンピック直前で選考から漏れてしまった村上舜がかわいそうでしたね。

第9章

挫折。我慢の時期。そして世界を覆うコロナ禍

悔しくて辛い時も自然体で乗り切りたい

自分がパリオリンピックの出場が決まった時の会見で、東京オリンピックに出られないと分かった時の心境を、「前回はいろいろチャンスが自分に来ないという悔しい思いがあって、我慢の時期がありました」とお話ししました。当時はまさに我慢の時期だったんです。地元の海で開催されるオリンピックに出られないという悔しさを抱えて過ごす時間は、とても辛かった。それを「我慢の時期」というふうに変換して自分なりに消化していこう、前に進もうと努力していました。

でもその悔しさを乗り越えるため、次のステップに進むために、具体的な行動を起こしたりアクションを起こしたりというのは特になかったんです。逆にオリンピックはもう視野から捨てていこうとは思いました。今までQSで頑張って世界を回って、2019年はCT一歩手前まで近づいてとか、やっぱりCTに出たいっていう子供の頃からの夢をこれからも続けていこうっていう気持ちを再確認したんです。

そこでトップだったら勝手にオリンピックには繋がっていくので、そういう意味でもやっぱり海外の方のランキングを上げれば自然とついてくる、何も言わなくてもオリンピックに選ばれるだろうっていうのも思ってたし、やっぱり本当に世界でトップになるのが大事かなっていう気持ちで頑張っていましたね。かといって練習量を急に増やしたりとかは特にせずに、とにかく自然体でいようと心掛けていました。自然体、自分の生き方はこれに尽きるかもしれません。

聞き流す良さって絶対にある　人からの助言全部を受け入れなくてもいい

そんな我慢の時期、もう分かんないくらいいろいろな方から慰めとかアドバイスとかもらった気がします。心に残ってることも沢山ありますけど、やっぱり腐っちゃダメだなっていうのは自分の中でありましたね。ここでふて腐れてというか、もういいやってなったらやっぱり終わっちゃうんで。じゃあ逆にＷＳＬ側から入って、トップになってやろうとか、何かしらで証明しようっていう気にはなりました。

第２の父親とも言えるハワイのウェイド・トコロは、いわゆる競争心とかをあおる感じじゃないんで、「無理しなくていいんじゃないかな」と、あえて優しく接してくれて、それに救われたりしましたね。

実の父親は厳しいというか、やっぱり諸事うるさいんで、あんまり聞かないようにしていました。子供の頃から基本ずっと試合のことだったり、サーフィンのことばっかり言うので、それは聞き流していますね。これ読んだら怒るだろうな。

でもまあ、父親の小言だけじゃなくてすべてにおいて、自分に必要だなって思ったことだけを拾って自分のものにするっていうのが多分大事なことなんだと思います。だから聞き流すことも大事だと思いますね。自分にとって必要だと思うことだけ取っていけばいいのかなって思います。最近それに改めて気がつきました。

モータースポーツの世界で活躍されている若い日本人ドライバーの方が、同じことを言っている記事を読んだことがあります。周囲の助言やアドバイスは全部を聞く必要はないって。聞き流した方がいいことは聞き流していても、自分が必要としている言葉とかって勝手に残っていくと思うんですよ。だからまあ、基本、そんなに深く考えないですね、自分は。

あの頃の自分と同じような境遇にいる人——思い通りにものごとがいかなかったり、理不尽な仕打ちを受けたりして辛い思いをしている人——は、周囲からなんだかんだ言われることがあっても、全部聞く必要なんてないですよ、と伝えたいです。聞き流す良さって絶対にあるから。

そんな我慢の時期を過ごすうちに、世界中がコロナで大変なことになってしまって、人生が一気に変わりました。ここから頑張ろうって思った時のコロナだったので。

コロナ禍。サーフィンの出来ない日々

2020年1月、クルーズ船ダイヤモンド・プリンセス号内での集団感染をきっかけに、日本国内で「新型コロナウイルス」の脅威が大きく報道され始める。

世界保健機関（WHO）はこの年1月30日に、新型コロナウイルスについて「国際的に懸念される公衆衛生上の緊急事態」を宣言。その後、爆発的な感染拡大を経て3月11日に「新型コロナウイルスによる感染拡大をパンデミック（世界的な大流行）とみなせる」という発表を行った。

日本でも3月13日に新型コロナウイルス対策の特別措置法が成立。4月7日に東京、神奈川、埼玉、千葉、大阪、兵庫、福岡の7都府県で史上

初の緊急事態宣言が発令された。
4月16日には対象が全国に拡大され、「生活の維持のためを除く外出の自粛」が求められ、娯楽施設やスポーツ施設、ショッピングモールなど人の集まる大規模施設は軒並み休業。会社の業務や学校の授業もオンラインで行うよう要請されるなど、人々の生活を大きく転換させることになった。

コロナが蔓延し始めて、国の緊急事態宣言が出されると、一宮をはじめとしたこのあたりの海は全部閉鎖されてしまいました。海に入れないように完全にクローズされていたので、そういう時に自分たちだけはいいだろうってやっちゃうと示しがつかないですし、なによりルールを破ってしまうことになるので、海の閉鎖が解除になるまでの期間は完全にサーフィンをしませんでした。

完全に海に近づけなかったのは1カ月ぐらいだったと思うんですけど、そこから徐々に地元だけは海に入っていいとか、いろんなルールがありましたね。それで入り出しましたけど、海から離れていた1カ月間は本当に何もしてなかったかもしれません。

小学生の頃から今まで休みなく海に入っていたので、初めてですね、サーフィンをまったくしない毎日というのは。その日の波はどうだろうとか、サーフィンのことを全く考えないで過ごす日々でした。家にずっといるのも初めてだったし。

人生で初めて海から離れた生活で気づいたこと

この2020年は3月までで海外でQSなどの試合に出場していました。最初の大会が1月に中国であった「Corona Open China」。大会名にあるCoronaは皆さんご存じのコロナビールのことです、なんだか暗示的ではありますが。優勝は村上舜で自分は5位。1月末にはモロッコで「Pro Taghazout Bay」、次は3月にオーストラリアとニュージーランドでCSが3戦あったんですけど、オーストラリアで2戦目までやって、3戦目のニュージーランドに行く段階でコロナでその年の試合はすべて中止になりました。

試合がなくなってしまったから、そのままサーフトリップというか練習をしにゴールドコーストへ行ったんですよ。そうしたら、1週間ぐらい経った頃に「明日までに日本に帰らないと、もう次にいつ日本に帰れるか分からない」という状況に急になって。あわてて帰国して、そこから半年ぐらいは完全に海外に行けなかったです。

国内ではサーフィン出来ない、海外にも行けない、本当に海から離れた生活でした。そんな時期に、釣りをするようになりました。初めての趣味というか、ハマりましたね。母親は夕飯のおかずを釣ってくるのなら許そうって笑っていました。

海から一旦離れると、その素晴らしさに気づくみたいな話もありますけど、自分の場合はこういう休みの時間が大事だなって思いましたね。ずっとサーフィンで世界中を回る日々だったので、腰を据えていろいろとものごとを考える時間が初めてできたっていうか。「自分がしたいことは何なんだろう」って、やっぱり考えましたね。たとえばサーフィンなんてしないで、もう何もしないで生活するなんていいなとか。でもやっぱり、うん、サーフィンで世界で戦いたいなぁと思いましたね。改めてっていう感じで。

この時期から本格的にトレーニングも始めたんです。それまでは転戦転戦でトレーニングする時間すらあまりなかったんで、コロナ禍で日本にいるこの時期に、ちゃんとフィジカルのトレーニングを始めました。

BIZTEL

第10章

2021年7月、「東京オリンピック 2020」無観客で開催

賞金稼ぎに出た国内大会で初優勝
実家の裏手を舗装する資金に

1年間の延期を経て2021年7月に開催された「東京オリンピック2020」の直前、6月に行われたJPSA（※）のショートボード第1戦で優勝しました。自分は海外での試合が多いので日本ではほとんど試合に出ていませんでしたけど、一応プロ11年目で日本での、JPSA主催での初優勝でした。会場はオリンピック会場となる志田下ではなくて、まさに家の近くのホームブレイクの一宮海岸。

※JPSA／Japan Pro Surfing Association。一般社団法人日本プロサーフィン連盟。日本のサーフィンのプロツアーを運営する組織。

この大会は前年がJPSAの試合が1試合もなかったので、特別戦という位置づけだったこともあって、国内にいた選手はみんな出てきましたね。プロサーフィンとはいえ国内大会は賞金が少ないんですけど、その大会だけ特別で優勝すると120万ぐらいというふうに増額されていて、いつもより少しだけ賞金が高めでした。それでもゴルフとかほかのスポーツに比べると、圧倒的に安いですよね。夢がなくて残念な気がします。

当時、父の店である「DEEP SURF」の裏手あたりは未舗装で、雨が降ると地面がぬかるんで母親が往生しているのを見ていたので、なんとか舗装してあげたいなとずっと思っていたんです。で、優勝賞金の120万あれば舗装できるかもっていう意味もあって、会場も一宮だしっていうので出場しました。本当に賞金稼ぎに行ったみたいな感じです。結局、優勝賞金だけでは足りず、トータル100万以上の赤字になってしまいましたけど。舗装ってお金かかりますね。

フィジカルトレーニングの大切さに改めて気づく

この大会は、親友であり同じチームの（脇田）泰地《たいち》と初めてファイナルで対戦しました。ずっと小さい頃から一緒で、本当に弟みたいな感じですから、思い出に残るファイナルになりました。終始、泰地がリードする展開でしたけど、終了間際の最後の波で自分が逆転で優勝できて。ネバーギブアップですね。

2020年からフィジカルのトレーニングを結構しっかりやりだしていたので、この大会の頃は体が結構でかくなっていました。波が小さかったので、すごく難しかったんですけど、今までそういうトレーニングの成果ってあんまり感じたことがなくて、量も多分少なかったんですけど、この大会で体の動きとか初めて実感したというか。動きが良くて、それが優勝に繋がったので、すごく良い練習というか、良い大会にはなったかなという感じですね。トレーニングの大切さに改めて気づいた大会になりました。

メンタルに関しては――。正直言うとＪＰＳＡに関しては本気になれないんです、波も波だし、プレッシャーもないし。それにここで勝ってもＣＴ入りのためのポイントは稼げないし。これがキツいです。なので、応援してくれている地元の方たちに自分のサーフィンを見せられる場だから、という意味合いが一番強いですね。あとは賞金稼ぎかな。元も子もない言い方になってしまいますけど。

銀メダルでも変わらなかった日本サーフィンを取り巻く状況

この大会の翌月に開催された「東京オリンピック２０２０」は、コロナ禍での開催ということで、無観客での開催となりましたね。地元の海で開催された、このオリンピックでのサーフィンは……実はまったく見ていませんでした。

海外の出場選手には友人も多くて、普通だったら会いに行ったり、うちに彼らが来たり出来たのでしょうけど、期間中は規制が厳しかったんで、ほとんど選手や関係者はみんな外出ちゃダメとか、コンビニも寄っちゃダメとか。コロナ対策の一環として。

自分が選ばれなかった悔しさがあって見なかった、という一面はありますけど、なにより規制で海岸に近寄れなかったのでリアルタイムでは見られなかったし。それにあの時、台風だったので全国的に波が良かったんで、自分はたしか静岡あたりにサーフィンに行っていましたね。


それでもあとになってウェブとかで少しだけ見ました。気になるガブリエル(・メディーナ)とかイタロ(・フェレイラ)とかだけ。でも基本的に全体を通しては見ていません。しかしあのオリンピックでの波、最悪だったと思います。よくあの波でやったなぁと思います。あれは彼らが上手いから、あの波でも出来ているだけで、ほんと最悪の波だったと思いますね。

イタロと(五十嵐)カノアの決勝で、カノアがイタロとは反対方向で波を待っていて全然いい波が来ない時間があったかと思うんですけど、ああいうのは紙一重なんです。もしかしたらその前までカノアの中で見えていた波があったのかもしれないし。試合に関してカノアはすごくレベルが高いんで。タクティクスはすごいですから。

世界トップレベルたちのCTの試合を見ていると、「なんで波来ないのに、あそこであいつだけ待ってんだろう?」ってことがよくある気がするんですけど、でも本人には見えてるんです。そこに波が来るってことが分かっているんです。本当そういうのは紙一重ですね。


地元で行われたオリンピックのサーフィンでしたが、正直もうちょっと盛り上がって欲しかったですよね。せっかく日本で初めてのオリンピックでのサーフィンだったのに、無観客だったからしょうがないですけど。DJブース作ったりとか、本来ならいろんなイベントも用意されていたみたいですけど、全部なくなっちゃいましたもんね。

スケートボードは堀米雄斗くんが金メダルを取って一躍脚光を浴びて、スケートボードブームみたいになりましたけど、サーフィンは何も変わらなかったですよね。そこはちょっと悔しいっていうか。自然相手のスポーツなので難しいですけどね。波次第で開催日も試合開始の時間も変わってしまうし、なので放送日時も決まらないし。

以前、スピードスケートで金メダルを取った清水宏保さんが「日本人がオリンピックで金メダルを取ったスポーツはガラッと変わる」とおっしゃっていましたけど、銀メダルじゃ変わらなかったですね。金でも変わらなかったんじゃないかなとも思います。やっぱり、メディアの取り上げ方がちょっと違う気がします。

サーフィンは遊びじゃない！スポーツなんだ！

サーフィンは軽く見られていると、ずっと思ってきました。いわゆる「しょせん遊びだろう」みたいな捉えられ方が、まだまだあるような気がしていたんです。

だからオリンピックの種目にサーフィンが加わることになり、東京オリンピックから正式種目になると決まった時は、本当に嬉しかったんです。これでやっと、サーフィンがスポーツとして認められた！と。もう本当になんだか夢のようっていうか、現役サーファーやサーフィンをやってきた昔の人たちや、みんなの夢が叶った瞬間というか——。競技としてサーフィンをやっている人からすると、やっとスポーツとして認められた一歩だったんで、ようやく夢が叶ったなっていう感じでしたね。

子供の頃は、小学校でサーフィンをやっているのは自分と(大原)洋人だけで、サーフインをしていることが間違ってるみたいな感じで、もうなんだろうな、いじめじゃないですけど、学校の先生とかに本当に認めてもらえなくて。髪の毛は潮焼けで茶色いし、試合があると学校を休むし、と問題児扱いだったんです。母親もそうだったみたいで、学校から「いつまであんなこと（サーフィン）をやらすんですか」って言われたことが、すごく悔しかったって言っていましたね。どうしてスポーツとして認めてもらえないんだろうって。だからオリンピック競技になって、本当にスポーツとして認められたっていうのが嬉しかったんです。

今は変わりました。

一宮の小学校は男子生徒の3分の2がサーファーだったり、ずいぶん変わりましたね。父親が小学校の授業の一環で、学校のプールで生徒に水との接し方とか教えていたり、サーフィンはすっかり市民権を得ました。自分の時代とは真逆ですね。自分や洋人の頑張りが認められて、こういう時代になったのなら嬉しいですね。

サーフ千葉/アウトレット
REO
INABA
DEEP
SURF
photo:Naoya Kimoto
車で2分

第11章

パリオリンピックの舞台
タヒチ・チョープーの海へ

オリンピック会場が
チョープーと知って気持ちが一変

やっぱり東京オリンピックには本当に出たかったんです。サーフィンが採用された最初のオリンピックで、まして地元開催だったんで、出られないと分かった時は悔しかったのと同時に、ちょっともうあきらめじゃないですけど、もうオリンピックはいいかなっていう気持ちになっていました。

25歳になった2022年は、千葉の志田下で開催されたQS1000の大会「ASIA OPEN 2022」で優勝して、チャレンジャー・シリーズ（CS）のアジア地区代表になりました。QSでの初優勝でした。この年はこの一戦でCSメンバーを決めるということで、トップ3位以上に絶対にならないとCSに行けないという条件だったんで、ここはすごく大事でしたね。とにかくこの一戦で決めようっていう強い意志で臨んで優勝出来たので嬉しかった。CSで上位に食い込んでCTへという念願を叶える道筋は作れました。

オリンピック出場選手の強化指定っていうのが毎年1月にあるんですけど、パリオリンピックに向けた2023年の強化指定は辞退しようと思っていました。QSをフォローしている身としては、強化指定となると結構いろいろ縛られたりするんで、そういうのも面倒くさいし、オリンピックももういいやと思っていたので。

でも辞退しようと思っていた時に、パリのオリンピックがタヒチで開催されると決まって。そして強化選手になると3月に合宿で2週間くらい現地へ行けると知って、オリンピックっていうより、ただでタヒチに行けるなら行きたいなって思いました。

タヒチに行きたかった理由は、15歳ぐらいの頃に1回行った時に、もう本当にトラウマというか、波に対してのすごく苦い思い出があったんで、それをずっとリベンジしたいなと思っていたからなんです。でもタヒチに行くのって、自分のお金ではなかなか行けなくて。航空機代だけでなく、現地でサーフポイントまで行く船がすごく高かったり、ともかく自分ではなかなか行けなかったので、こんなチャンスないなと思って。

そしてタヒチに行って、オリンピック会場となるチョープーでサーフィンしてみると、「うわー、この波でオリンピックだったらいけるかも」みたいな気持ちがだんだんと出てきたんです。

ついにつかんだ出場切符はインスタグラムの通知で!?

パリオリンピックへは国の推薦枠などではなく、自力で行くしかないと腹をくくっていました。そんな中で、2023年4月に仙台で開催された「第4回ジャパンオープンオブサーフィン」で優勝し、その結果オリンピック選考大会である6月のエルサルバドルでの「ISA World Surfing Games」に出場することが出来ました。本当にギリギリで選考に残った感じですね。

この「ISA World Surfing Games」は、CTツアーを戦う選手も数多く参加する非常にハイレベルな顔ぶれでした。この中を勝ち抜いてアジア勢の中で1位にならないとオリンピック日本代表になれない厳しい状況だったんです。

結局、ラウンド5まで勝ち上がって、ラウンド6は3位で敗者復活ラウンドへ回ることになり、敗者復活戦は11回戦まで進んで最終的には8位。残念ながらアジア勢の中では2位だったのですが、アジア1位だった五十嵐カノアがCT枠での出場になったため、自分がアジア枠で繰り上がりオリンピック出場権を手にすることになりました。インドネシアの和井田理央（父親がインドネシア人、母親が日本人でインドネシア国籍のCT選手）にラウンド5で勝ったことでアジア2位を確保出来たことが大きかったですね。

アジア枠でカノアが自分の上にいる分にはCT枠があって、カノアはその枠で出そうだと分かっていたけど、ただ（和井田）理央が自分の上に行っちゃうとアジア枠を取られちゃうんで、じゃあ、もう絶対負けねえぞって感じで行きました。ここを勝てば決まるんじゃないかみたいなのはうすうす気づいていたので、理央にどうしても勝とうっていう気持ちでしたね。理央は昨年のCTで準優勝しましたよね、手強い相手でした。

今、振り返ると出場に至る選考過程はこんな感じなんですが、このISAの大会が終わってから、実際に自分のオリンピック出場確定の発表がいつどこであるかまったく分からなかったんです。CT枠での出場と地域枠での出場とのからみとか、全出場選手の複雑な選考システムが関係していて、なかなか確定出来ないみたいで。一応、選ばれるかもと思ってはいましたけど、あんまり期待しすぎない方がいいなと思っていて。

発表があったのは8月でしたね。発表というか、ISAのインスタグラムの通知でタグ付けされてオリンピックの出場が決まったと知りました。いきなり発表されて、それを見て「えー！」みたいな。

この時はちょうどインドにいたんです。インドでの大会に出場していて。そしたら夜中3時くらいにめちゃくちゃ携帯の通知がすごくて、なんだこれと思って見たら、オリンピック決まったっていうので、いろんな人から連絡が来てて。本当に決まったんだみたいな、そういう感じでしたね。

シルバー・バレットの遺志を継いで危険な波と世界に挑む

オリンピックの会場となる、タヒチ・チョープーの波のすごさは初めて入った15歳の時から身をもって経験していました。あの時、15歳の時は木本直哉さんというカメラマンの撮影で連れて行ってもらって。当時の自分はハワイなどで大きな波も結構やっていて行けるなって認められて呼んでもらえたんですけど、実際にチョープーに入ったらもう全然行けなくて。こんな波、立てないみたいな感じでビビっちゃって、結局2週間全然すごい波に一本も乗れなくて、それでトラウマになっていたんです。

チョープーのヤバさは、まず波の立つポイントの水深が浅くて下が珊瑚や岩なことと、なにより波の掘れ方が世界中のどこにもないくらいすごいことです。あの波の立つスピードというか掘れ上がり方がほかとは全然違います。一気に掘れ上がるんで。波が崩れる直前なんて、まるで崖みたいに見えますよね。それと波の厚さとか水の量がすさまじくて、

かつてDEEP SURFを訪れた時の小川直久プロ。
その早すぎる死を世界中が悼んだ。

つまり波のパワーが尋常じゃなくて、死んでいる人も何十人もいますし……。あの波の崩れてくるリップと岩に挟まって体がバラバラになっちゃったとか、即死だったとかっていう話も聞きましたね。本当に恐怖です。15歳の時は自分が入った直前に事故があったって聞いたのでさらに怖かったですね。

あれから10年が過ぎて、チョープーの波にも乗れるようにはなりましたけど、それでもあの波でのサーフィンには事故の危険が伴います。それは波が大きくなればなるほど増す感じで。だから最低限、体を守る道具としてチョープーではヘルメットを着けるサーファーが多いです。

自分も今回初めてヘルメットを持参しました。このヘルメットは小川直久さん（※）が愛用されたものと同じ柄にさせてもらいました。去年亡くなられた直久さんが使っていた柄のヘルメットで、その遺志を受け継いでというか、少しでもパワーをもらえたらなっていう気持ちで。

※小川直久（おがわなおひさ）／1995年JPSAグランドチャンピオン。JPSA副理事長も務めた千葉県鴨川市出身のプロサーファー。パイプラインで満点となる10ポイントライドを決めるなど、世界にその名をとどろかせた。トレードマークは銀色に赤い筋が入

ったヘルメットで「シルバー・バレット（銀色の弾丸）」と呼ばれた。がんのため51歳の若さで2023年5月逝去。

小川直久さんは競技としての日本のサーフィンを世界水準に引き上げようと、世界の大会に日本人が出ていくっていうレールを敷いてくれたひとりですし、あとはやっぱりパイプラインやチョープーで名前を世界に知らしめた尊敬する千葉の大先輩です。脇田（貴之）さんと並んで、直久さんのことは、サーフィン関係者なら世界中で知らない人はいないような存在でした。特に直久さんは、あの銀色のヘルメットでビッグウェーブへチャージする姿が強烈なインパクトを残しました。

直久さんは闘病中も最後までオリンピックに行きたいっていう強い意志をずっと持っていて、ずっとあきらめないで、絶対オリンピックに行くんだ！みたいなことをずっと言っていました。だからそういう遺志を勝手に継いでというか——。ご家族の理解があってのことだったんで本当ありがたかったです。直久さんと同じ柄のヘルメットをオリンピックで使いたいと、ご家族にご挨拶に行ったらとても喜んでくださって。直久さんにパワーをもらえたらなっていう思いでタヒチへ持っていきました。

直久さんとは特別親しいっていうわけではなかったんですけど、ずっと小さい頃から気にかけてくれていて。大会で会ったりとか、鴨川にサーフィンに行った時にお会いするぐらいだったんですけど、本当になんだろうな、日本人の若手サーファー全員を引っ張ってくれるような人で、ずっと気にかけてくれていた感じですね。見た目通りのナイスガイで、心底熱いハートの持ち主だったと思います。

チョープーの海の中でも、あのヘルメットを着けていると安心感がありましたし、本当にパワーをもらえたように思います。ヘルメット自体は初めてだったので、最初は逆にちょっと怖かったんですけど、でも着けてみたら全然問題なかったですし、やっぱりなんか背中を押してくれるような感覚はありましたね。

サーフィン用のヘルメットって、波がさほど大きくない時はヘルメットを被っているとバランスを崩してしまうことがあるので、危険なポイントでもあえて着けないことがあります。ですから準々決勝では着けるか着けないかギリギリまで悩んで、コーチとずっと相談していたんです。自分のコーチは田中樹《いずき》くんで、彼も小川直久さんにすごく可愛がってもらって、一緒に世界へ連れていってもらったという関係なので、樹くんも「直久さんのヘルメットを被って戦ってほしいけど、でも結果に影響する可能性があるから、ここはヘルメットを外そう」っていう話になって。なので準々決勝のアロンソ・コレア選手とのヒートには、ヘルメットを被らずに臨みました。

DEEP SURF裏手にある倉庫には50本以上のサーフボードが。パリオリンピックで使用した真っ赤なボードも見える。

第12章

次の目標に向けて気持ちを切り替える時

勝てばメダルが見える準々決勝
人生で一番もったいない瞬間

前回の東京オリンピックで銀メダルの五十嵐カノアも負けて、残る日本人は自分だけ。そして勝てばメダルが見えるという準々決勝、対戦相手はペルーのアロンソ・コレア選手。いやー、でもあれはもう勝ったかなと思っちゃいましたよね。あの日は波も小さくて、本当にチューブの波が少なかったんで、チューブにさえ入れれば一気に点数が出るっていうのは分かっていたんです。そして最初から狙っていた通りチューブをメイクして、7.33というハイスコアが出せて、もうこれは来たかなと思って。普段、CTの大会をチョープーでやる時は、基本チューブに点数が出て、マニューバー系の技を入れてもあまり点数が出ないんです。

だけどこの時、相手のコレア選手はチューブ狙いではなく、結構手前の方で波に乗って技をしていたんですけど、そんなに点数は出ないだろうと思っていたら——やっぱりオリンピックだから違うのかちょっと分からないんですけど——意外と高得点が出ちゃったっていう。

これは自分たちが1ヒート目だったことも影響していたと思います。前の基準がないというか、自分たちが基準になっちゃうんで、その日の1ヒート目っていうのは難しくて。選手の方も1ヒート目を見て、「技に高い得点が出ていたから、チューブだけじゃなくて技も入れた方がいいな」とか対応できるんですけど、1ヒート目ってその基準が分からないので厳しいんです。その日の審判員の傾向みたいなものも1ヒート目以降ならある程度分かるんですけど……。そんな意味も含めて、自分の判断ミスというか、本当にもったいなかったですね。結果、あと1本、3点台のスコアを出せていればラウンドアップ確実でメダルも見えたんですけど、ついにその波はやって来なくて。そこそこの波さえやってくれば、3点台なんてすぐに出せたと思うけど——。「いい波が来なかった」と言い訳もできますが、絶対そうはしたくない部分もあります。運の要素もありますけど、試合展開を自分でコントロール出来なかったことが残念でなりません。

いずれにしても、あの負けはすぐには受け入れられませんでした。やっぱり悔しかったし、試合を見返してみても自分が勝っていたんじゃないかなとも思っちゃうし、みんなからも、ほかの外国人選手からも、あれはお前が勝ってたよとか言われたし、人生で一番もったいない瞬間でしたね。結果は5位。目の前のメダルに手が届きませんでした。

2024パリオリンピックのサーフィン男子準々決勝。チューブもメイクし勝利を確信したが……。
写真：ロイター/アフロ

メダルを取って、サーフィンもやめようと思っていたけど

帰国すると多くの報道陣に囲まれて、コメントを求められました。なるべく笑顔で対応しようと心掛けていましたが、やはり疲れが一気にきましたね。

改めてオリンピックを振り返ってみると——なんだか現実味がなかったというか、今でも本当にオリンピックってあったのかなみたいな、不思議な気持ちです。そこに至る過程が長かったし、出場が決まってからの1年は何度もタヒチに行ったりとか、ほかの試合に出なくなったりとか、あとは全然今までと生活が変わったというか。

オリンピックになるとドーピング問題とかも常にあるんで、薬とかも飲めなかったりとか、そういうのは今まで生きてきてなかったことだし、そんな意味でも生活が変わったりとかで結構大変でした。だけど終わってみるとオリンピック自体は一瞬だったというか、このオリンピックに出場するまでがやっぱり長かったなっていう感じがします。今ではあれは夢だったのかなと思うことすらあります。

本当はもうオリンピックで引退しようかなと思っていたんですけど、なんか中途半端にギリギリの結果だったので。あれがもっとコテンパンにやられるか、メダルを取っていた

ら結構潔くやめられたのに、すごく微妙な感じで終わっちゃったんで、とりあえずもう一回やろうかな、という気持ちになっています。

逆にまだやれるなって気持ちにもなったし、もう一回このレベルとも戦いたいなっていう気持ちにはなりました。競技者としてはやっぱりトップにもう一回挑戦したいなって思いますし、CTもそうですし、オリンピックも含めてやっぱりもう一度戦いたいなっていう気持ちはありますね。

オリンピックに関して言うと、2028年のロサンゼルスオリンピック、自分は31歳になるんですね。パリオリンピックの日本代表コナー・オレアリーがそのぐらいの年齢だったし、いけそうな気がしますよね。

ロス目指します。パリの時もそうだったけど、「目指します!」って宣言した方が自分の中でどんどんそういう方向に向かっていけるので、言霊ですよね、言ったことがだんだん現実になっていくから。パリオリンピックのサーフィン競技をタヒチでやったみたいに、ロサンゼルスオリンピックのサーフィンはハワイでやってくれたら最高ですね。

次の世代に自分がやってきたことを繋げたい

それとは別に、今後は選手として以外でもサーフィン界でやってみたいと思うことが最近出てきたんです。それは、次の世代に自分がやってきたことを繋げていくというか、日本のサーフシーンを底上げしたいなっていう思いです。自分は今までずっと「日本人も世界で戦えるぞ！」ということを証明したいと思ってやってきたので、自分が培ってきたものを次世代に繋げていきたいんです。日本のサーフィン界を盛り上げていきたいんです。

それによって業界が盛り上がっていけば、全てがいい方向に向かっていけるんじゃないかと思うんです。今の日本のサーフィン企業は、プロサーファーのスポンサーにもほとんどなくなっているんで、そういうことも含めて変えていけるようにしていきたいと思います。次の世代をコーチングするとかは、まだ自分ができるわけじゃないんですけど、その気持ちがちょっと強くなってきたっていうか。日本のサーフシーンの底上げに貢献していきたいと思っています。

第13章

海外転戦時代に経験したヤバい出来事

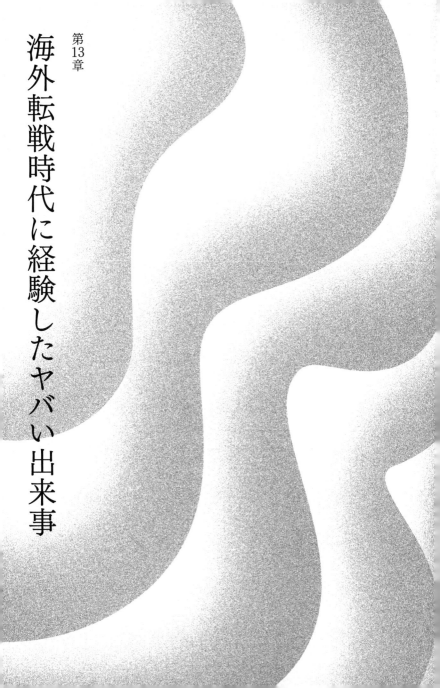

トラブルは助け合う——戦う仲間としてお互いをリスペクト

世界を転戦していた10代の頃は、それこそハプニングの連続でした。序の口なところだと、クレジットカード問題。18歳になってクレジットカードを持てるようになる前は、支払いでトラブルになることがたびたびありました。

空港でサーフボードのチャージを突然クレジットカードで払え、でないと搭乗させないと言われて困ったり（いつもはキャッシュでOKなのに）、ホテルを親のカードで予約したら、現地に行くとそのカードがないとチェックインできないと言われて泊まれなかったりとか。空港でのサーフボードチャージ支払いの時は、たまたま近くにほかの国の選手がいて、キャッシュを渡してカードを借りて乗り切ったのかな、まあいつもそんな感じで。

空港といえば、16歳の時に海外の空港でトラブルがあって携帯から日本の家に電話をかけたら、10分12万円の請求が来たこともありました。今ならそんな額には絶対ならないんですよ、１日海外で繋げちゃっても3，000円とかですけど、10年前はそんなことがありましたね。携帯ちょっと繋げちゃっただけで何十万とか。（大原）洋人も30万の請求が来たとか言ってましたね。２０１４年頃の話です。

16歳頃から海外を転戦する時は、飛行機のチケットやホテルの予約は全部自分でやっていたので、ときどきミスして日付を間違えたりしてチェックイン出来ないとかもありました。それでパニックになることもありましたけど、なんだかんだ何とかなるなって変な自信がついてしまって、余計ミスが増えたりとかありましたね。

でも周りには自分と同じような境遇の他国の選手たちがいたし、知ってる奴がいれば助けてくれるんで、助け合いですよね。試合では敵だけど、普段は一緒に世界を回って上を目指して戦う仲間としてお互いリスペクトし合えるというか、本当に助け合って。なんか日本人より海外の奴らの方がそういう面は優しいなって思いますね。それはどこの国とかに限らず。みんな同じ境遇でやっているからっていうのもあると思いますけど。

今日1日を生き伸びるのに必死サバイバルな毎日

18歳の時、モロッコでタクシーに乗ったら殺されそうになったことがあります。当時、モロッコは外務省危険情報レベル1で、渡航する際には十分注意という勧告が出ていましたけど、まさかあんな目にあうとは。

あの時は、QSのヨーロッパレグで、QS5000ぐらいの大会がたしかフランス、スペイン、モロッコという流れであったんですけど、一緒に行く予定だった年上の日本人選手が直前に怪我しちゃって行けなくなって。レンタカーを運転してくれるはずだった人なので（自分はまだ海外で運転できなかったので）困ってしまい、仕方ないので試合会場に行って、そこらにいる選手たちに片っ端から声掛けて、一緒のグループに入れてくれ、ヨーロッパレグを一緒に回らせてくれって頼み込んで、全然知らないアメリカ人とスペイン人とアルゼンチン人とみたいなグループに入れてもらって、一緒にフランス、スペインを回りました。

スペインからモロッコは自分が取ってあった飛行機があったのでひとりで先に行って、2日後に彼らがモロッコに着いたら彼らと同じホテルへ移動する手はずだったんです。

そのホテル移動の日、自分の泊まっていたホテルの受付でタクシーを頼んで、ちゃんとタクシーって書いてある車が来たんですけど……。ホテルからホテルの間って車で2～3分ぐらいのはずなのに30分ぐらいずっと走っているし、そのうち山奥に連れていかれて。うわ！なんかおかしい！と思っていたら、ナイフを突きつけられて、持ってる金を全部出せ、と。何語か分かんない言葉で、そんな感じのことを言われて。

自分は基本、海外にいる時って財布を持ち歩かないようにしているので、ポケットに使う分だけのお金しか入れないんですよ。あの時もポケットから全部出して「これで」って渡したら、幸いにもそれで納得したようなんですけど、その山奥で降ろされて。そこからひとりで歩いて下って――。多分、ホテルとグルだったと思いますけど、殺されるのかなって本気で覚悟しました。次の日から試合なのに。

そんな経験はモロッコ以前にもありました。15歳の頃オーストラリアで怪しい一団に追いかけられたりとか、ブラジルでも17歳ぐらいの時、タクシーで変な裏路地に連れていかれて無理やり降りて走って逃げたこともあります。とにかく当時は生き伸びるのに必死でしたね。試合どころじゃないというか、生き抜く、今日1日を過ごし終えるっていうサバイバルに必死でした。

こんな経験から得た教訓は――こういう強盗に備えて財布は持ち歩かないとか、治安の悪い国や都市に行く時には汚い格好をするとか。ヒゲとかもそのまんまだし、髪もボサボサにして。時計とかアクセサリーとかしていると一気にやられるんで、必要最低限というか、服だけ着てるぐらいな感じですね。

Get Out of Your Comfort Zone

海外を回るにあたって、言葉の問題はついて回りますけど、自分はハワイで過ごす時間が長かったこともあってなんとかなりました。

11歳で初めてハワイに行った時は、英語はまるで話せませんでした。勉強もちょっとしましたけど、でも外国人とずっと一緒にいると勝手になんとなく分かるようになってくるし、なんとなく喋れるようになりましたね。

今、海外を回っている日本人選手の多くは、いつも日本で一緒にいるメンバーで海外でも一緒に生活して試合に出てっていうふうに見えます。でもそれって、もったいないなと思うんです。外国人の輪に入って普段とはまるっきり違う環境に身を置くと、英語も覚えないといけなくなるっていうか、勝手に覚えていくし、ともかく外国人の輪に入るっていうのがとても大事だと思います。あえてそこに入っていく、それってすごく勇気がいることではあると思うんですけど。

〝Get Out of Your Comfort Zone〟っていう自己啓発的な言葉が英語にありますよね。自分にとって居心地の良い領域から飛び出して、新しいことに挑んで成長しよう、という意味らしいです。自分の安心できる場所から出ていくっていうか、そういう場所に身を置け、自分のコンフォート・ゾーンから抜け出せ、みたいな。

日本人にとって一番のコンフォート・ゾーンと言えば、それはやはり「日本語で話せる環境」ですよね。心地良いコンフォート・ゾーンから離れられたら、人としても成長することができると思うんです。

日本人の輪にいたら英語も喋れるようにはならないし、新しい環境もないし、友達も増えないしっていう。小さい頃から外国人の輪に入るのはやっぱり嫌だし、怖いっていうかすごく不安があったし、嫌だなって思うことの方が楽しみよりは多かったですけど、あえて自分をそこに持っていくというか――それが自分を成長させてくれた思います。小さい頃から海外を回っていたことが、そこに繋がったなって思います。

とか偉そうなこと言って、別に何カ国語も話せるわけではないんですけど。いや、全然喋れないです。でもサーフィンの大会中のアナウンスは分かります。

試合中の得点経過とか、本当はすべて英語でアナウンスしないといけないんですけど、ヨーロッパとかブラジルとかに行くと、自国の選手をどうにか勝たせようっていう思惑があって、外国人と地元選手の対戦だったりすると英語じゃなくて自国の言葉でアナウンスしたりするんですよ。言葉だけに限らず、試合中プライオリティって呼ぶ優先権も回ってこなかったりと、なかなか汚いこともやります。

なのでそういう中で、点数を表す数字と、ゼッケンの色と、時間と、勝ち上がるにはあと何点必要かというシチュエーションの言葉とかっていうのは、それぞれの国ごとに全部覚えましたね。それは勉強したとかじゃなくて、大会中ずっと聞いて、自分の出番じゃない時も試合を見てるんで、その中でずっと聞いていて覚えましたね。

第14章

友人、仲間、恩師、そして家族

見返りを求めずにまずギブをする気持ちで

自分には海外の友人や仲のいいサーファーが沢山いて、これは大きな財産だと思っています。いつも自分から積極的に友人を作ろうとしたことの結果かもしれないですね。海外でいろんなトラブルにあった時とか、助けてくれたのは友人たちでしたし。

だから彼らがQS6000とかの大会で日本に来た時は、これまで助けてもらった恩を返すつもりで全力でフォローしますね。来日した外国人サーファーの面倒を見てあげるっていう行為は、ハワイでお世話になったウェイド・トコロの教えも大きいんです。彼からはずっと言われていました、「やってもらうより、やってあげろ」って。

見返りを求めずに、まず自分の出来る事をやる、まずギブをしろ、テイクよりギブをしろって、ずっと言ってましたね。それがいつか違う形で自分に返ってくるからって。絶対返ってくるから求めずにやれって言われました。トコロさんは本当に素晴らしい人格者だと思います。尊敬しているし、目標にするべき人間像かなって思いますね。本当、神様みたいな人なんですよ、人に対して優しくというか、与え続けるみたいな。

海外に友人が多いとトラブルへの対処だけでなくて、試合でも助けられたりします。海外の大会に行くと、やっぱり選手はそれぞれの国ごとに固まって、自国の選手をすごく応援するんですよ、特にブラジリアンとかはもう選手総出で応援したり。オーストラリアとかもそういう感じなんですけど、なぜか日本ってそれがまったくなくて。日本人は誰も来ないです。試合を見にも来ない。応援の気持ちっていうより、あいつ負けろとか、ジェラスが強くて。だから上がっていけないんですよね、日本人って。

でも自分とかはずっと海外のチームの連中が応援してくれて。（大原）洋人もそうですね、基本外国人チームが応援してくれるんですよ。それは自分たちが頑張って多くの友人を作ったからなんです。

試合のジャッジも人間ですから、いいサーフィンに大きな歓声が上がったりすれば、ちょっと点数に繋がったりとか、与えるイメージが全然違います。でも日本人みたいに誰も応援してくれないとかってなると、もうアウェーの中で余計アウェーになるっていうか。そのアウェーの中でもパワーに変えられる何か、それってやっぱり応援してもらえることだったりするから、そういう意味では自分はめちゃくちゃ恵まれています。外国人がみんな応援してくれるから、ありがたいですね。

Ｍｏｂｂ：刺激をもらう仲間たち

国内にも友人は多いですけど、仲間って呼べるのはＭｏｂｂというチームを組んでいる連中ですね。村上舜と弟の蓮、都筑百斗、脇田泰地。元々は全員競技者だし、今でも試合に出たら日本トップレベルなんですけど、求めるものが今それじゃないっていうだけで。みんなサーフィンに対しての価値観はいろいろあって、試合だけじゃなくて、サーフィンの映像を作って世に出すとかっていうのもサーフィンのひとつの魅力というか、だからそこにフォーカスすることもあるし、とにかく自由で。

元々全員が仲の良いグループで、ずっと試合でも戦っているし、ずっと一緒に世界のいろんなところを回っているし、やっぱり刺激かな、日本の中では一番刺激をもらう仲間ですね。サーフィンのレベルも高いし、でかい波に対しても日本トップレベルなんで、一番刺激をもらっています。ウェーブハントとかの活動もしていますし、自分たちのサーフィンを自分たちで撮って、自分たちで編集もやって動画を公開したり、楽しんでます。

海外で勝てるようになったのは樹コーチのおかげ

田中樹コーチは仲間というより恩師ですね。自分からお願いして18歳頃からコーチングしてもらっています。

サーフィンで選手にコーチがいるっていうのは、日本では誰もやってなかった時代で、樹くんがその第一人者としてやり始めて。ご本人もずっとQSで世界を回っていたプロサーファーだし、試合での戦略とか海外の回り方とか、とにかくいろいろ教えてもらいました。

外国人選手の中には有名なコーチがついていて一緒にQSを回っている裕福な人もいて、そういうのに憧れもあったし、ジェラスというか羨ましさがありました。なによりひとりで海外の試合を回るのってすごく大変で、誰かがいてくれるだけで全然違うんですけど、それにプラスして試合での戦略も教えてもらえたんで、本当に自分は樹くんのおかげでしかないです、試合で勝てるようになったのは。

それまでは会場へ行くので精一杯だったっていう部分もあるし、その試合に対しての戦略とか誰も教えてくれる人がいなかったから、自己流すぎて何でもありだったというか、それを完全に教えてもらった感じです。波を待つポジションとか状況判断とか、ひとりで海に入っていると分かんないけど、陸から指示を出してもらえることによって気づく部分とか、波が来た時にあっちに来てるとか指示してもらえたり、とにかく助かりました。

パリオリンピック準々決勝の時、あと1本の波が来ないあの時、樹くんが祈ってくれている映像をあとになって見ました。祈りは通じませんでしたけど、2人3脚でやってきた日々が思い出されてなんだか感慨深かったですね。

家族が支えてくれた自分のサーフィン人生

友人、仲間、恩師について触れたので、家族についても少し書かせてください。

子供の頃は親にサーフィンをやらされてたというか、押し付けられてるなって感じていた時期もあります。でも自分がサーフィンで世界を回り出してからは、家族全員が自分中心の生活になったと思うし、それはすごく苦労もかけたし、ありがたいことだと思います。海外に出る以前も、自分中心にそれだけやってもらってることを子供ながらに感謝していたので、親への反抗とかはなかったですね。

11歳でハワイにひとりで行った時もそうですけど、その年の子供をひとりで海外に出すっていうのは親にとっては、すごく心配だし辛いことだったと思うんです。空港で毎回母親は泣いていたけど、その時はその意味すら分からなかったけど、今思うとやっぱりすごく苦しい思いをしながらも送り出してくれていたんだなって。自分だけが苦しいと思っていたけど、親も苦しかったんでしょうね。

自分中心のそんな家族の中で、妹がすごく苦労したっていうか我慢していたと思います。自分のサーフィンの大会があるからどこにも遊びに連れていってもらえないし、習い事とかも自分をサーフィンに連れて行くので送り迎えできないから習えないとか、ずっとやりたいこともやらせてもらえず我慢してきたと思うので。

それでも自然と応援してくれるようになったし、そういうふうに我慢して自分の人生を捨ててじゃないですけど、まあ、預けてくれたというか。だから本当に感謝しないとですよね。「お兄ちゃんばっかり！」みたいな兄妹喧嘩はしょっちゅうありましたけどね、ガンガンありました。今はネイルの店を自分でやって頑張ってますね。

自分が親になって、子供がなんらかの理由で海外に出たいって言ったら——やっぱり応援したいですけど、何も押し付けたくはないし、サーフィンは絶対やらせたくないですね、ほかの仕事をした方がいいです。趣味でやるくらいだったら全然いいと思いますけど、競技者にはならない方がいいかな、大変だし。自分も大変だったたし、野球とかやってくれたらいいんじゃないですかね、大谷クラスを目指してもらって。

第15章

チャンスは平等にやってくる

愛するホームブレイク　地元・一宮への思い

世界中の海でサーフィンしてきましたけど、やっぱり一宮の波が世界で一番好きです。波のクオリティもありますけどそれだけじゃなくて、海に入った時に自分の部屋に帰ってきたのと同じような感覚っていうか、本当にホームだなって感じます。やっぱり安心しますよね、どんな波でも乗れるし、まさにホームブレイクですね。

サステナビリティや環境保護の側面で海を見た場合、サーフスポットもどんどん減ってきているし、今まで良かった波が良くなくなったりとか、我々サーファーにとっても、やはり温暖化はすごく深刻な問題ですよね。環境保護の面で言えば、ゴミは必ず持ち帰るとか、プラスチックは投棄しないとかそういう簡単なことしかできないけど、あとはそれをどれだけ伝えていけるかが大事だと思います。自分はサーフィンを通じて、この自然を大事にしたいという思いをいろんな人に、世の中に広めていきたいです。

定期的に一宮海岸のビーチクリーン活動にも参加していますけど、最近はみんなの意識が高まってきているからか、以前より海岸が綺麗になっているように感じます。本当に一宮は最近ゴミを見ないですね。ローカルのコミュニティがしっかりしていることが大きいと思います、もう完全にローカルが主催でやってるんで。ビーチクリーンしてても拾うゴミがほとんどないんですから、すごく嬉しいことですよね。

地元・一宮の素晴らしいところはほかにも沢山あります。サーファーに人気の「波乗守」で有名な玉前神社（※）には、自分は大事な試合の前には必ず行ってます。自分が選んでいるお守りは「波乗守」ではなく「転ばぬ守」。「開運と安全は足元から」を祈念したお守りなんですけど、自分は試合中に転ばないようにと、このお守りをバッグにつけて持ち歩いています。

食べ物でいうと、外房は魚が美味しいですよね。結構いろんなところで食べますけど、やっぱり外房の魚は日本一なんじゃないかなって思います。釣りを始めてから余計分かりましたね。魚は全部好きですけど、とりわけ金目鯛が好きですね。勝浦の金目は世界一だと思います。

※玉前神社（たまさきじんじゃ）／1200年以上の歴史と格式をもつ千葉県長生郡一宮町にある神社。縁結び、子授け、安産などにご利益があるとされ、源頼朝の妻政子が安産の祈願をしたことが広く知られている。波乗守は「サーフィンの波ばかりでなく、人生の荒波にも耐え開運の波に乗れるお守りです」というご利益で人気を呼んでいる。

夢を追い続けることの大切さ
次世代の若手へのメッセージ

パリオリンピックへ向けての壮行会を地元で開いていただいた時、子供たちに向けて自分はこんな話をしました。

「サーフィンをやっていく上で、いろんな理不尽な思いをすると思いますが、あきらめず、しっかり夢や目標に向かっていれば、人生で1、2回は大きなチャンスがみんな平等に来るので、あきらめないでほしい」

この時、「サーフィンをやっていく上で」と言いましたが、実はサーフィンに限らず、いろんな局面に当てはまるような気がしています。夢や目標に向かって努力する人には、誰にも平等に、人生で1、2回は大きなチャンスが来る、自分はそう信じています。

自分にとっての大きなチャンスは、やはりパリオリンピックと、あとは限りなくCTに近付いたあの時でしょうか。でも、自分で気づいていないチャンスっていうのも多分いっぱいあって、何かそういうのがきっかけで変わることもあるじゃないですか。もしかしたらダメだった試合とかが、実は自分にとっては良かったのかもしれないし。目に見えるチャンスだけじゃなくて、あとになって気づく、こうした見えないチャンスもあると思います。それが実は大きなチャンスだった、と何かを成し遂げた時に気づくかもしれません。

しっかり自分の持つ夢や目標を大事にして、それに向かってあきらめないことが一番大事なことだなと感じています。あとはその目標とかに向かう過程で、人と違うことをやってみたりとか、どんどんいろいろなことにチャレンジするのも大事だと思うので、キッズサーファーや若手の子たちにはこういったことを意識して頑張って欲しいなと思います。

自分が今後目指していきたいことは――日本のキッズに夢を与えていきたいですね。それはサーフィンに限らず、何かで高みを目指している日本のキッズたちの夢に僕がなれたらかっこいいなと思っているので、これからも彼らに夢を与え続けられるように頑張ります。夢を追い続けることの大切さを、サーフィンを通して世界に伝えられるよう頑張っていきたいです。

Reo Inaba : Timeline & Event results
稲葉玲王：激闘の記録～年表&戦績

1997年3月24日生まれ　千葉県長生郡一宮町出身

2007年（9～10歳）
[NSA] 第42回全日本サーフィン選手権大会（キッズクラス）2位
★NSA トータルランキング　2位

2008年（10～11歳）
[NSA] 第16回ジュニアオープンサーフィン選手権大会（キッズクラス）　1位
[NSA] 第43回全日本サーフィン選手権大会（キッズクラス）2位
千葉チャンピオンシップ 千葉県知事杯 スペシャルクラス　1位
★ASP JAPAN CADET U16 トータルランキング　5位

2010年（12～13歳）
[JPSA]ムラサキプロ鉾田 プロトライアル 合格
★当時最年少13歳でプロ資格を取得

2011年（13～14歳）
※ハワイ滞在時に東日本大震災発生

2012年（14～15歳）
[WSL] [MQS] Murasaki Shonan Open　5位
[WSL] [MQS]Billabong Pro Tahara　17位
[WSL] [MQS]Malibu Hyuga Pro　33位
[WSL] [MQS]HIC Pro　97位
★WSL Men's Qualifying Series年間ランキング　334位

2013年（15～16歳）
[ISA] 2013 Dakine ISA World Junior Surfing Championship Boys Under 16　4位
[JPSA] 第4戦 ALL JAPAN PRO 新島　13位
[WSL] [MJUN] North Shore Surf Shop Pro Junior　49位
[WSL] [MJUN] Go Pro Junior　17位
[WSL] [MJUN] HD World Junior Championship　9位
[WSL] [MQS]Breaka Burleigh Pro　113位
[WSL] [MQS]Quiksilver Open Japan　25位
[WSL] [MQS]Murasaki Shonan Open　25位
[WSL] [MQS]Billabong Pro Tahara　33位
[WSL] [MQS]Vans Pro　33位
★WSL Men's Junior Tour年間ランキング　12位
★WSL Men's Qualifying Series年間ランキング　234位
※クイックシルバー・キング・オブ・ザ・グロム出場　4位

2014年（16～17歳）
[JPSA]第2戦 LesPros entertainment presents伊豆下田 CHAMPION PRO 13位
[JPSA]第6戦 ムラサキプロ 鴨川　9位
[WSL] [MJUN] North Shore Surf Shop Pro Junior　89位
[WSL] [MJUN] North Shore Surf Shop Pipe Pro Junior　33位

[WSL] [MJUN] Go Pro Junior　13位
[WSL] [MJUN] Minami Boso Junior Pro　5位
[WSL] [MQS] Rip Curl Pro Stamina　17位
[WSL] [MQS] Surf Open Acapulco　65位
[WSL] [MQS] Murasaki Shonan Open　33位
[WSL] [MQS] Sooruz Lacanau Pro　65位
[WSL] [MQS] Vans Pro　65位
[WSL] [MQS] WRV Outer Banks Pro　17位
[WSL] [MQS] Malibu Hyuga Pro　2位
[WSL] [MQS] Oceano Santa Catarina Pro14　97位
[WSL] [MQS] Mahalo Surf Eco Festival　49位
[WSL] [MQS] Hainan Classic　5位
★WSL Men's Junior Tour年間ランキング　7位
★WSL Men's Qualifying Series年間ランキング　165位

2015年（17〜18歳）
[WSL] [MJUN] GoPro Junior Games　3位
[WSL] [MJUN] Minami Boso Junior Pro　2位
[ISA] 2015 VISSLA ISA World Junior Surfing Championship BOYS UNDER 18　15位
[WSL] [MQS]Volcom Pipe Pro　65位
[WSL] [MQS]Hurley Australian Open　49位
[WSL] [MQS]Martinique Surf Pro　13位
[WSL] [MQS]Local Motion Surf into Summer Pro　33位
[WSL] [MQS]Billabong Pro Shikoku　25位
[WSL] [MQS]Ballito Pro　98位
[WSL] [MQS]Murasaki Shonan Open　33位
[WSL] [MQS]Soöruz Lacanau Pro　33位
[WSL] [MQS]Pro Anglet　49位
[WSL] [MQS]Pantin Classic Galicia Pro　33位
[WSL] [MQS]Quiksilver Pro Casablanca　49位
[WSL] [MQS]Red Nose Pro15 Florianópolis SC　97位
[WSL] [MQS]Mahalo Surf Eco Festival　97位
[WSL] [MQS]Taiwan Open of Surfing　25位
★WSL Men's Junior Tour年間ランキング　17位
★WSL Men's Qualifying Series年間ランキング　191位
※WSLジャパンのジュニアチャンピオンに

2016年（18〜19歳）
[JPSA]第2戦 伊豆下田CHAMPION PRO　4位
[JPSA]第7戦 24SURF_ presents 鴨川NAOプロ　5位
[JPSA]第8戦 ブルーエコシステムプロ　2位
[WSL] [MQS] Sunset Pro　33位
[WSL] [MQS] Volcom Pipe Pro　65位
[WSL] [MQS] Maitland & Port Stephens Toyota Pro　73位
[WSL] [MQS] Australian Open of Surfing　97位
[WSL] [MQS] Martinique Surf Pro　33位
[WSL] [MQS] Ichinomiya Chiba Open　9位
[WSL] [MQS] Murasaki Shonan Open　17位
[WSL] [MQS] Yumeya Surfing Games Tahara Pro　17位
[WSL] [MQS] Vans Pro　33位
[WSL] [MQS] Pantin Classic Galicia Pro　121位
[WSL] [MQS] Azores Airlines Pro　97位
[WSL] [MQS] Trump Hyuga Pro　2位
[WSL] [MQS] Hang Loose Pro Contest 30 Anos　121位
[WSL] [MQS] Taiwan Open of Surfing　5位
★WSL Men's Qualifying Series年間ランキング　119位

2017年（19～20歳）
[JPSA]CHIBA ICHINOMIYA PRO　9位
[WSL] [MQS] Sunset Open　25位
[WSL] [MQS] Volcom Pipe Pro　33位
[WSL] [MQS] Maitland and Port Stephens Toyota Pro　73位
[WSL] [MQS] Australian　Open of Surfing　37位
[WSL] [MQS] Pro Santa Cruz 2017　25位
[WSL] [MQS] Ichinomiya Chiba Open - Men's　121位
[WSL] [MQS] Volkswagen SA Open of Surfing　33位
[WSL] [MQS] Ballito Pro　105位
[WSL] [MQS] Murasaki Shonan Open　5位
[WSL] [MQS] Vans US Open of Surfing - Men's QS　97位
[WSL] [MQS] Vans Pro　9位
[WSL] [MQS] Pull&Bear Pantin Classic Galicia Pro　97位
[WSL] [MQS] Azores Airlines Pro　121位
[WSL] [MQS] EDP Billabong Pro Cascais　49位
[WSL] [MQS] Vans Presents the HIC Pro　81位
[WSL] [MQS] Jeep International Hainan Surfing Open　49位
[WSL] [MQS] Taiwan Open of Surfing　49位
★WSL Men's Qualifying Series年間ランキング　136位

2018年（20～21歳）
[JPSA] ショートボード第3戦 夢屋サーフィンゲームス 田原オープン　13位
[JPSA] CHIBA ICHINOMIYA PRO　9位
[WSL] [MQS] Seat Pro Netanya pres by Reef　5位
[WSL] [MQS]Volcom Pipe Pro8　1位
[WSL] [MQS] Burton Automotive Pro　9位
[WSL] [MQS]Martinique Surf Pro　81位
[WSL] [MQS]Pro Santa Cruz 2018 pres. by Oakley　81位
[WSL] [MQS]Ichinomiya Chiba Open　49位
[WSL] [MQS]Murasaki Shonan Open　17位
[WSL] [MQS] Vans Pro　2位
[WSL] [MQS]Pantin Classic Galicia Pro　65位
[WSL] [MQS]EDP Billabong Pro Ericeira　73位
[WSL] [MQS]HIC Pro　33位
[WSL] [MQS]Hawaiian Pro　113位
[WSL] [MQS]Vans World Cup　65位
★WSL Men's Qualifying Series年間ランキング　71位

2019年（21～22歳）
[WSL] [MQS] Seat Pro Netanya　5位
[WSL] [MQS]Volcom Pipe Pro　33位
[WSL] [MQS] Oi Hang Loose Pro Contest　5位
[WSL] [MQS]Burton Automotive Pro　49位
[WSL] [MQS]Vissla Sydney Surf Pro　17位
[WSL] [MQS]Pro Santa Cruz　49位
[WSL] [MQS]Caparica Surf Fest Pro　33位
[WSL] [MQS] Ichinomiya Chiba Open　3位
[WSL] [MQS] Ballito Pro　9位
[WSL] [MQS]Vans US Open of Surfing　73位
[WSL] [MQS]ABANCA Galicia Classic Surf Pro　73位
[WSL] [MQS]EDP Billabong Pro Ericeira　73位
[WSL] [MQS]Vans Pro　33位
[WSL] [MQS]Hawaiian Pro　81位
[WSL] [MQS]Vans World Cup of Surfing　81位
★WSL Men's Qualifying Series年間ランキング　30位

2020年（22〜23歳）
[JPSA2020特別戦] さわかみ チャレンジシリーズ 鴨川　9位
第2回 JAPAN OPEN OF SURFING　2位
[WSL] [MQS]Corona Open China　5位
[WSL] [MQS]Pro Taghazout Bay　73位
[WSL] [MQS]Surfest Newcastle Pro　17位
★WSL Men's Qualifying Series年間ランキング　31位
★Asia-2020 Men's Qualifying Series年間ランキング　3位
※新型コロナウイルスにより3月以降のWSLツアー中止に

2021年（23〜24歳）
[JPSA] ショートボード第1戦 さわかみチャレンジシリーズ一宮プロ -Challenge I-　1位
[WSL] [MCS]US Open of Surfing Huntington Beach presented by Shiseido　73位
[WSL] [MCS]MEO Vissla Pro Ericeira　73位
[WSL] [MCS]Quiksilver Pro France　73位
[WSL] [MCS]Michelob ULTRA Pure Gold Haleiwa Challenger　33位
★2021 Men's Challenger Series年間ランキング　75位
★Asia-2021/2022 Men's Qualifying Series年間ランキング　1位

2022年（24〜25歳）
[WSL] [MQS] Asia Open　1位
[WSL] [MQS]Krui Pro　49位
[WSL] [MCS]Boost Mobile Gold Coast Pro　37位
[WSL] [MCS]GWM Sydney Surf Pro　73位
[WSL] [MCS]Ballito Pro　9位
[WSL] [MCS]VANS US Open of Surfing　49位
[WSL] [MCS]EDP Vissla Pro Ericeira　73位
[WSL] [MCS]Corona Saquarema Pro　49位
[WSL] [MCS]Haleiwa Challenger, at Home in the Hawaiian Islands　73位
★2022 Men's Challenger Series年間ランキング　59位
★Asia-2022/2023 Men's Qualifying Series年間ランキング　70位

2023年（25〜26歳）
[WSL] [MQS]Krui Pro　49位
[WSL] [MQS]Chiba Ichinomiya Open　5位
[WSL] [MQS]Tamil Nadu International Surf Open　9位
[WSL] [MQS]Nias Pro　33位
★Asia-2023/2024 Men's Qualifying Series年間ランキング　24位
第4回 JAPAN OPEN OF SURFING　1位
[ISA]2023 Surf City El Salvador ISA World Surfing Games　個人8位（アジア2位）
★2024 パリオリンピック　サーフィン競技日本代表　内定

2024年（26〜27歳）
[ISA]2024 ISA World Surfing Games（プエルトリコ）個人　46位
★2024 パリオリンピック出場　確定
パリ2024オリンピック競技大会　サーフィン男子　5位（日本人選手最高位）
[WSL] [MQS]whitebuffalo OMAEZAKI Pro　49位
[WSL] [MQS]IBK Miyazaki Pro　3位
[WSL] [MQS]IBK Hyuga Pro　25位
[WSL] [MQS]Siargao International Surfing Cup　49位
[WSL] [MQS]Taiwan Open of Surfing　17位
[JPSA]S.LEAGUE 第28回茨城サーフィンクラシックさわかみ杯　3位
[JPSA]S.LEAGUE KAMOGAWA PRO　2位

2025年（27歳）
[JPSA]S.LEAGUE 24-25 ショートボード第4戦「STワールド クラマス ムラサキプロ」1位

波《なみ》をつかめ、夢《ゆめ》をつかめ
逆境《ぎゃっきょう》を乗《の》り越《こ》えるレオの流儀《りゅうぎ》

第1刷　2025年3月21日

著　者　稲葉玲王

デザイン　kid,inc.（石塚健太郎＋堀内菜月）
写　真　池田エイシュン　株式会社アフロ
編集協力　鹿野琢磨（株式会社ジャパンエフエムネットワーク）
編　集　袴塚信彦　日越翔太
編集長　篠﨑 司
発行者　奥山 卓

発　行　株式会社東京ニュース通信社
〒104-6224　東京都中央区晴海1-8-12
☎03-6367-8037
発　売　株式会社講談社
〒112-8001 東京都文京区音羽2-12-21
☎03-5395-3606
印刷・製本　タイヘイ株式会社

落丁本、乱丁本、内容に関するお問い合わせは、発行元の株式会社東京ニュース通信社までお願いいたします。小社の出版物の写真、記事、文章、図版などを無断で複写、転載することを禁じます。また、出版物の一部あるいは全部を、写真撮影やスキャンなどを行い、許可・許諾なくブログ、ＳＮＳなどに公開または配信する行為は、著作権、肖像権等の侵害となりますので、ご注意ください。

©東京ニュース通信社 2025 Printed in Japan

ISBN 978-4-06-539680-3